「一带一路」列国人物传系 总主编◎王丽

乾隆传

神武大帝

唐迪 徐帮学◎主编

華文出版社
SINO-CULTURE PRESS

图书在版编目（CIP）数据

乾隆传 ：神武大帝 / 唐迪，徐帮学主编. -- 北京 ：华文出版社，2022.6（2023.6 重印）
（“一带一路”列国人物传系）
ISBN 978-7-5075-5401-4

Ⅰ. ①乾… Ⅱ. ①唐… ②徐… Ⅲ. ①乾隆帝（1711-1799）-传记 Ⅳ. ①K827-49

中国版本图书馆CIP数据核字(2020)第260630号

乾隆传 ：神武大帝

主　　编：唐　迪　徐帮学
责任编辑：谭　笑
出版发行：华文出版社
社　　址：北京市西城区广外大街 305 号 8 区 2 号楼
邮政编码：100055
网　　址：http://www.hwcbs.cn
投稿信箱：784263235@qq.com
电　　话：总 编 室 010-58336239
发 行 部 010-58336202/58336212
责任编辑 010-58336237
经　　销：新华书店
印　　刷：三河市嵩川印刷有限公司
开　　本：880×1230　1/32
印　　张：8.875
字　　数：142 千字
版　　次：2022 年 6 月第 1 版
印　　次：2023年 6 月第 3 次印刷
标准书号：ISBN 978-7-5075-5401-4
定　　价：58.00 元

“‘一带一路’列国人物传系”编辑委员会

总　序

群星闪耀“一带一路”

“2100多年前，中国汉代的张骞肩负和平友好使命，两次出使中亚，开启了中国同中亚各国友好交往的大门，开辟出一条横贯东西、连接欧亚的丝绸之路。”[①]2013年9月7日，中国国家主席习近平在哈萨克斯坦纳扎尔巴耶夫大学发表演讲，以博古通今的睿智对大学生们娓娓道来丝绸之路古老而年轻的故事。

“我的家乡陕西，就位于古丝绸之路的起点。站在这里，回首历史，我仿佛听到了山间回荡的声声驼铃，看到了大漠飘飞的袅袅孤烟。这一切，让我感到十分亲切。哈萨克斯坦这片土地，是古丝绸之路经过的地方，曾经为沟通东西方文明，促进不同民族、不同文化相互交流和合作作出过重要贡献。

① 《习近平谈治国理政》，外文出版社，2014年10月第1版，第287页。

东西方使节、商队、游客、学者、工匠川流不息，沿途各国互通有无、互学互鉴，共同推动了人类文明进步。”“不同种族、不同信仰、不同文化背景的国家完全可以共享和平、共同发展。这是古丝绸之路留给我们的宝贵启示”，“为了使我们欧亚各国经济联系更加紧密、相互合作更加深入、发展空间更加广阔，我们可以用创新的合作模式，共同建设‘丝绸之路经济带’”。[①]推己及人，高瞻远瞩，引领时代，习主席在阿斯塔纳[②]通过哈萨克斯坦人民，首次向世界发出了让古老的丝路精神再次焕发青春和光彩的时代宣言。

2013年10月3日，习主席在印度尼西亚国会发表了题为《共同建设二十一世纪“海上丝绸之路”》的演讲：“东南亚地区自古以来就是‘海上丝绸之路’的重要枢纽，中国愿同东盟国家加强海上合作，使用好中国政府设立的中国－东盟海上合作基金，发展好海洋合作伙伴关系，共同建设21世纪‘海上丝绸之路’”，“发挥各自优势，实现多元共生、包容共进，共同造福于本地区人民和世界各国人民”。[③]这个倡议和9月7日的演讲异曲同工、

---

① 《习近平谈治国理政》，外文出版社，2014年10月第1版，第287页。

② 哈萨克斯坦新首都名称。

③ 同①，第293–295页。

遥相呼应、互为映衬，完整地提出了“丝绸之路经济带”和“21世纪海上丝绸之路”的宏伟构想。

从广袤的亚欧腹地哈萨克斯坦到风光旖旎的印度尼西亚，习主席提出的“丝绸之路经济带”和“21世纪海上丝绸之路”吸引了世界各国的目光。从2013年9月至2016年8月，习近平出访37个国家（亚洲18国、欧洲9国、非洲3国、拉美4国、大洋洲3国），对“一带一路”倡议的总体框架和基本内涵做了充分阐述。和平合作、开放包容、互鉴互学、互利共赢的丝路精神，共商、共建、共享的合作理念，驱散了“去全球化”的阴霾，为增长低迷的世界经济注入新的动能。各国纷纷将本国经济发展与中国政府制定的《推动共建丝绸之路经济带和21世纪海上丝绸之路的愿景与行动》规划相衔接。“一带一路”倡导的政策沟通、设施联通、贸易畅通、资金融通、民心相通等“五通”，正在以基础设施、经贸合作、产业投资、能源资源、金融支撑、人文交流、生态环保、海洋合作等为载体和依托，在全球掀起了投资兴业、互联互通、技术创新、产能合作的新势头。2016年中国牵头成立有57个成员国加入的亚洲基础设施投资银行（AIIB），2017年3月23日迎来13个新伙伴。孟加拉配电系统升级扩容项目、印尼全国棚户区改造项目、巴基斯坦国家高速公路项目和塔吉克斯坦杜尚别至乌兹别克斯坦道路改造项目已经获得亚投行金融支持，共商共建成为现实。

“一带一路”倡议得到国际社会的热烈响应。2016 年 11 月 17 日，第 71 届联合国大会 193 个成员一致赞同，通过了第 A/71/9 号决议，欢迎“一带一路”倡议，敦促各国通过参与“一带一路”，呼吁国际社会为开展“一带一路”建设提供安全保障环境。2017 年 3 月 17 日，联合国安理会全票赞成，一致通过第 2344 号决议，呼吁国际社会凝聚援助阿富汗共识，通过“一带一路”建设等加强区域经济合作，敦促各方为“一带一路”建设提供安全保障环境。

2017 年 1 月，习近平主席在联合国日内瓦总部发表题为《共同构建人类命运共同体》的重要演讲，全面深入系统阐述人类命运共同体重大理念，在国际上引起热烈反响，受到各方普遍欢迎和高度评价。3 月 23 日，联合国人权理事会第 34 次会议通过关于“经济、社会、文化权利”和“粮食权”两个决议，决议明确表示要通过“一带一路”建设“构建人类命运共同体”。这是人类命运共同体重大理念首次载入人权理事会决议，标志着这一理念成为国际人权话语体系的重要组成部分。

“一带一路”不是中国的独角戏，是与亚、欧、非洲及世界各国共同奏响的交响乐。中国恪守联合国宪章的宗旨和原则，坚持开放合作、和谐包容、政策沟通，培育政治互信，建立合作共识，协调发展战略、促进贸易便利化及多边合作体制机制。中国携手100多个国家和地区，依托国际大通道，以陆上沿线中心城市为支撑，以重点经贸产业园区为合作平台，共同打造新亚欧大陆桥、中蒙俄、中国－中亚－西亚、中巴、孟中印缅、中国－中南半岛等国际经济合作走廊进展顺利，中欧班列在贸易畅通上动力强劲，风景亮丽；以海上重点港口为节点，共同建设通畅安全高效的运输通道，实现陆海路径的紧密关联和合作，太平洋、印度洋、大西洋上巨轮往来频繁，不亦乐乎。亚太经合组织、亚欧会议、大湄公河次区域合作等有关决议或文件，都体现了“一带一路”建设内容。丝路基金、开发性金融、供应链金融汇聚全球财富，建设绿色、健康、智慧与和平的丝绸之路，增进各国民众福祉。

“一带一路”是人类历史上从未有过的恢弘蓝图，也是横跨亚非欧连接世界各国的暖心红线。“丝绸之路经济带”包括中国经中亚、俄罗斯至欧洲（波罗的海），中国经中亚、西亚至波斯湾、地中海，中国至东南亚、南亚、印度洋；“21世纪海上丝绸之路”包括从中国沿海港口过南海到印度洋再延伸至欧洲和到南太平洋。一路驼铃声声、舟楫相望，互通有无、友好交往。

在新的时代，在创新古老丝路精神的伟大进程中，习主席专门缅怀丝路开拓者，特意致敬古丝路精神奠基人：“我们的祖先在大漠戈壁上‘驰命走驿，不绝于时月’，在汪洋大海中‘云帆高张，昼夜星驰’，走在了古代世界各民族友好交往的前列。甘英、郑和、伊本·白图泰是我们熟悉的中阿交流友好使者。丝绸之路把中国的造纸术、火药、印刷术、指南针经阿拉伯地区传播到欧洲，又把阿拉伯的天文、历法、医药介绍到中国，在文明交流互鉴史上写下了重要篇章。千百年来，丝绸之路承载的和平合作、开放包容、互学互鉴、互利共赢精神薪火相传。”[①]这种吃水不忘挖井人的情怀，再次展现了中华民族不忘历史、纪念先贤、展望未来的优秀文化基因，也为中国传记文学学会参加“一带一路”建设指明了方向和道路。

在古老的丝绸之路上，我们不曾相忘：张骞出使西域到过的哈萨克斯坦，山高水长的好邻居巴基斯坦，双头鹰下横跨欧亚之国俄罗斯，草原之国蒙

① 习近平：《弘扬丝路精神，深化中阿合作》，2014年6月5日，习近平在中—阿合作论坛第六届部长级会议开幕式上的讲话，《人民日报》6月6日第1版。

古，喜马拉雅浮世天堂尼泊尔，菩提恒河保佑之国印度，文化瑰宝伊朗，首创法典之国伊拉克，红海门户之国也门，石油王国沙特阿拉伯，波斯湾明珠巴林，雪松之国黎巴嫩，海湾之秀科威特，沙漠之巅阿联酋，半岛明珠之国卡塔尔，波斯湾霍尔木兹海峡守门人阿曼，万湖之国白俄罗斯，欧亚十字路口土耳其，流着奶和蜜之地以色列，欧洲粮仓乌克兰，亚平宁半岛上的文化巅峰意大利，阿尔卑斯之巅的瑞士，玫瑰之国保加利亚，与灵魂对话的思辨之国德意志，欧洲文化殿堂法兰西，欧洲客厅比利时，郁金香之国荷兰，热情如火的西班牙，还有正在脱欧的绅士国度英国，北非金字塔之国埃及，非洲屋脊奉马蹄莲为国花的埃塞俄比亚，香草大岛之国马达加斯加，等等。

沿着海上丝绸之路，我们会领略丛林花园之国马来西亚，花园国度新加坡，千岛之国菲律宾，赤道翡翠之国印度尼西亚；沿澜沧江一路南下，我们不曾相忘澜湄泽润之国越南，千佛之国泰国，高棉的微笑之国柬埔寨，万象之都老挝，印度洋上明珠之国斯里兰卡，印度洋上的明星和钥匙毛里求斯，堆金积玉之国文莱，追求自由之国东帝汶，印度洋世外桃源马尔代夫，骑在羊背上的国家澳大利亚，上帝的后花园新西兰，等等。

“一带一路”沿线国家里，那些千百年来影响了人类与国家、民族命运并与中国曾经有过交往的古今人物，至今还能在教科书、影视剧里看到他们，还能感受到他们在一代一代年轻人身上所生发的影响和魅力。

当然，对于中国人来说，更为熟悉的是丝绸之路的开拓者。曾记否？丝绸之路开拓者中，有汉武帝和他的使节们，有首开大唐盛世的唐太宗及其无数臣民，有再续睦邻通商航海路的宋祖朝廷和无数先贤，还有金戈铁马风漫卷的元代人物，一统江山万里帆的明代人物，环球凉热自清浊的清代人物，东西碰撞溅火花的近代人物，还有经受风雨变迁、勇立海国之志的现代人物，更有丝路明珠敦煌莫高窟的守护者，卫国助邻的将军和通司中外的外交家们。当然，数风流人物，还看今朝，我们不能不浓墨重彩地讴歌那些智通商海，投身到新丝路建设中的当代人物。

耕云播雨，香火延续，智慧传承，历史再续！2100 多年的友好交往历史从未隔断，惠及三大洲的中西交通从未停歇，21 世纪的“中国梦”和“世界梦”汇成了人类命运共同体的时代和弦，响彻在“一带一路”辽阔的长空。也正因如此，2017 年 5 月，北京喜迎来自“一带一路”相关国家的元首、政府首脑、前政要、知名企业家和专家学者等各界代表，以及国际组织的负责人等千名领袖，出席“‘一带一路’国际合作高峰论坛”。“千人盛会”共襄“团结互信、平等互利、包容互鉴、合作共赢”[①]之盛举，共商“沿线各国共同把蛋糕做大，一起分蛋糕”之合作共赢大计。这是中华民族和世界历史上都应该铭记的大日子。

以人物传记写作为己任的中国传记文学学会，在“一带一路”倡议实施中，肩负“讲好一带一路民心相通好故事”的使命和责任，这也是国家赋予我们的根本职责和任务。在中国文学艺术界联合会的领导下，在中国社会科学院国家全球战略智库指导下，中国传记文学学会以赤诚的家国情怀、强烈的时代精神、为人传记的责任担当，在认真调研、周密谋划、精心组织基础上，毅然决定倾注全力组织编写出版“‘一带一路’列国人物传系”。此煌煌百卷传系讲述近千名各国人物故事，集数百位专家作家尽心挥毫，去冬今春，夜以继日……幸得中国出版集团公司华文出版社出版发行。于是，各位读者得以读到手中的这套活泼而不失厚重、有趣而不失学养的列国人物合传书卷。

① 习近平：《弘扬人民友谊，共创美好未来》，2013年9月7日，习近平主席在哈萨克斯坦纳扎尔巴耶夫大学的演讲。

孔子曰："仁者，人也。"让各国的先贤智者的思想光辉，照亮我们探索人类未来的道路。

传记明志，落笔为文，是为总序。

中国传记文学学会会长

"'一带一路'列国人物传系"编委会总主编

王丽 博士

2018年3月8日

General Editor's Preface

The Belt and Road Initiative was conceived in 2013. On September 7, 2013, Chinese President Xi Jinping proposed for the first time the blueprint in a speech at Nazarbayev University during his visit to Kazakhstan:

> Over 2,100 years ago during China's Han Dynasty, a Chinese imperial envoy Zhang Qian visited Central Asia twice to open the door to friendly contacts between China and Central Asian countries as well as the transcontinental Silk Road linking East and West, Asia and Europe.
>
> Shaanxi, my home province, is right at the starting point of the ancient Silk Road. Today, as I stand here and look back into history, I could almost hear the camel bells ringing in the mountains and see the wisps of smoke rising

from the desert. It has brought me close to the place I am visiting. Sitting on the ancient Silk Road, Kazakhstan has made important contributions to the exchanges and cooperation between different nations and cultures. This land has witnessed a steady stream of envoys, caravans, travelers, scholars and artisans traveling between the East and the West. The exchanges and mutual learning thus made possible have contributed to the progress of human civilization.

... Countries with differences in race, belief and cultural background are fully capable of sharing peace and development. This is the valuable inspiration we have drawn from the ancient Silk Road.

... To forge closer economic ties, deepen cooperation and expand development opportunities between Eurasian countries, we should innovate the mode of cooperation and jointly build an "economic belt along the Silk Road". ①

Considering the interests of the world commnity, taking a broad and long view and leading the new era, in Astana, President Xi, through the people of Kazakhstan, for the first time issued a declaration to the world that the old Silk Road

① Xi Jinping, *The Governance of China* (Beijing: Foreign Languages Press, 2014) 287.

spirit would once again be rejuvenated and radiant.

On October 3, 2013, President Xi brought up this topic again in his address to the Indonesian Parliament under the title "Jointly Building the 21st Century Maritime Silk Road":

> Southeast Asia has since ancient times been an important hub along the ancient Maritime Silk Road. China will strengthen maritime cooperation with ASEAN countries to make good use of the China-ASEAN Maritime Cooperation Fund set up by the Chinese government and vigorously develop maritime partnership in a joint effort to build the Maritime Silk Road of the 21st century. China is ready to expand its practical cooperation with ASEAN countries across the board, supplying each other's needs and complementing each other's strengths, with a view to jointly seizing opportunities and meeting challenges for the benefit of common development and prosperity.[①]

The two talks framed the full picture of the

① Xi Jinping, *The Governance of China* (Beijing: Foreign Languages Press, 2014) 293-295.

conceptual "Silk Road Economic Belt" and the "21st Century Maritime Silk Road", which are collectively referred to as "The Belt and Road Initiative". Between September 2013 and August 2016, President Xi visited 37 countries (18 in Asia, 9 in Europe, 3 in Africa, 4 in Latin America and 3 in Oceania), giving a full exposition of the Belt and Road Initiative, from its overall framework to various details. The milieus of peaceful and all-win cooperation, financial integration, trade liberalization, and people-to-people bonds dispel the haze of anti-globalization and inject new vitality to the stagnant world economy.

The Belt and Road Initiative has been received with global enthusiasm. On November 17, 2016, all 193 member states of the United Nations unanimously passed the Resolution No. A/71/9 during the 71st Session of the United Nations General Assembly. This resolution endorsed China's Belt and Road Initiative, encouraged UN member countries to participate in the Initiative, and urged the international community to provide a safe environment for the implementation of the Initiative.

The Belt and Road Initiative is not a solo of China, but a symphony of countries from Asia, Europe, Africa and the rest of the world. By observing the Charter of the United Nations, China adheres to openness and cooperation, harmony and inclusiveness as well as policy coordination in order to bolster mutual political trust, reach cooperation consensus, coordinate development strategies, facilitate trade, and introduce multilateral cooperation mechanisms. China has established partnerships with over 100 countries and international organizations with the goal of jointly building a new Eurasian Land Bridge and developing China–Mongolia–Russia, China–Central Asia–West Asia, China–Pakistan, Bangladesh–China–India–Burma, and China–Indochina Peninsula economic corridors by taking advantage of international transport routes, relying on core cities along the Belt and Road and using key economic industrial parks as cooperation platforms. At sea, the Initiative will focus on jointly building smooth, secure and efficient transport routes connecting major sea ports along the Belt and Road, so as to achieve a closer connection and cooperation between land and sea routes, with the Pacific, Indian and Atlantic Oceans frequented by ships and vessels. Meanwhile, the Asia-Pacific Economic Cooperation

(APEC), the Asia-Europe Meeting (ASEM), the Greater Mekong Subregion (GMS) Economic Cooperation and many other regional cooperation mechanisms have included the Belt and Road Initiative in their relevant resolutions and documents.

We shall never forget the countries along the ancient Silk Road: Kazakhstan, the country visited by the Han Dynasty imperial envoy Zhang Qian; Pakistan, China's friendly neighbor bound by mountains and rivers; Russia, a country symbolized by a double headed eagle; Mongolia, the prairie country; Nepal, the paradise on the Himalayas; India, a land blessed by the holy river Ganges; Iran, a country full of cultural treasures; Iraq, the country where the famous *Code of Hammurabi* originates from; Yemen, the gate to the Red Sea; Saudi Arabia, the kingdom of petroleum; Bahrain, the pearl of the Persian Gulf; Lebanon, a country of cedars; Kuwait, a rising star of the Persian Gulf; United Arab Emirates, a diamond on the desert; Qatar, a gem on the Arabian Peninsula; Oman, the gatekeeper of the Hormuz Strait; Byelorussia, a country with myriad lakes; Turkey, the center of the crossroads of Eurasia; Israel, a country full of milk and honey; Ukraine, the granary of Europe;

Italy, the pinnacle of culture on the Apennine Peninsula; Switzerland, a country in the Alps; Bulgaria, the land of roses; Germany, a home to great minds; France, the cultural palace of Europe; Belgium, the drawing room of Europe; the Netherlands, a garden of tulips; Spain, the land of passion; United Kingdom, the country of gentlemen which is breaking from the EU; Egypt, a country of pyramids in North Africa; Ethiopia, the roof of Africa whose national flower is Calla Lily; Madagascar, the island nation where vanilla grows, and so on.

The Maritime Silk Road links Malaysia, a country of forests and gardens; Singapore, the flowery country; the Philippines, the country of a myriad of islands; and Indonesia, the emerald of the equator. Along the Lantsang River down to the south, we will pass Vietnam, the land nourished by the Mekong River; Thailand, a country of thousands of Buddhist temples; Cambodia, the home to Khmer smiles; Laos, the land of a million elephants; Sri Lanka, a bright pearl in the India Ocean; Mauritius, the shining star and key of the Indian Ocean; Brunei, a kingdom of gold and green; East Timor, a nation of independence; Maldives, a paradise in the India Ocean; Australia, the nation riding on the sheep's back; New

Zealand, the back garden of God, and so forth.

In the countries along the Belt and Road, names of distinguished figures, ancient or modern, who have affected the destiny of mankind, who have rewritten the history of nations, and who have had contacts with China, can still be found in today's textbooks, films and TV shows. We can still feel their enduring influence and charm on generations of young people.

Of course, for the Chinese people, the pioneers of the ancient Silk Road are more familiar. Yet, those who have devoted themselves to the building of the new Silk Road equally deserve our respect. In May 2017 during the Belt and Road Forum for International Cooperation, Beijing welcomed thousands of guests from around the world, including heads of state, heads of government, former politicians, business leaders, experts, scholars, and principals of international organizations. They gathered together in the common spirit of solidarity and mutual trust, equality and mutual benefit, inclusiveness and mutual learning, and win-win cooperation, to discuss how countries along the Belt and Road can work together to make the "pie" bigger and shared by all for mutual benefit.[①] This is a big day that should be remembered as a landmark in the history of the Chinese nation and the world.

The Biography Society of China, which makes it its mission to promote biography writing, shoulders the task and responsibility of telling well the stories of friendly exchanges among people of countries along the Belt and Road. This is also the fundamental duty and task assigned to us by our nation. Therefore, through careful investigation and passionate planning, the Biography Society of China decided to publish a hundred-volume series titled *Remarkable Lives Along the Belt and Road*. This project receives support from the China Federation of Literary and Art Circles and guidance from the National Institute of International Strategy of Chinese Academy of Social Sciences. From last winter till this spring, hundreds of experts were working around the clock on the biographies of a thousand remarkable lives. Here the series is presented to you.

As Confucius said, "Humanity is of humans". Let the lights of those great minds and lives illuminate our future

---

① Xi Jinping, "Promote People–to–People Friendship and Create a Better Future", Speech delivered at the Nazarbayev University, Kazakhstan, September 7, 2013.

path of exploration.

Comments, criticism and suggestions will all be appreciated.

Dr. Wang Li

Chairwoman:

The Biography Society of China

General Editor:

Remarkable Lives Along the Belt and Road

March 8, 2018

目 录

Contents

引 言

在中华上下几千年的历史长河之中，历代的皇帝大多扮演着十分重要的角色，他们的存在在很大程度上影响和决定着社会历史的发展方向。看一看“横扫六合”的“千古一帝”秦始皇；看一看将中华帝国带上历史高峰的一代君王汉武帝；看一看果断发动玄武门兵变、开启大唐盛世的唐太宗李世民；再看一看以蒙古铁骑横扫欧亚大陆的一代天骄成吉思汗；看一看从“乞丐”到“皇帝”的“草根皇帝”朱元璋；看一看那极具雄才伟略鹰扬天下的大清王朝开国皇帝皇太极……

说起大清帝国，我们一定会将目

光定格在康乾时代，康、雍、乾3位皇帝在建立“大一统”的事业方面，励精图治，功勋卓著。3位极具雄才伟略的皇帝对拓展中国疆域均有建树，到乾隆时期，清朝的疆域基本确定了下来。而在明朝，统治者们只能对13个布政使司(习惯上称为省)进行有效的管辖，在边疆少数民族地区虽也设置了都指挥使、宣慰使、安抚使等职，然而那时的管理十分松散，起不到有效的管理与控制。有些少数民族政权甚至还是明朝的心腹之患，他们威胁着边境的安全，有的甚至曾打到北京城边。但在清朝，自康熙皇帝起，则消除了三藩的割据势力，东南收复了台湾，东北反击沙俄侵略，西北平定了叛乱，西南改土归流，对西藏也进行了强有力的管辖。边疆与内地的政治、经济、文化联系都加强了。历史上西汉、东汉、唐朝都开疆拓土有所作为，如在西北广大地区设置机构进行管辖，使国家的版图增加了170多万平方千米的面积，但不久即失去了。而清朝则在继承明朝疆土的基础上，开拓出超过原有疆土3倍的疆域，使国土面积达到1300多万平方千米。当然，边疆少数民族地区自古就与中原民族有着密切的联系，历史的发展，日益把全国各族人民紧密地联系在了一起，中华民族逐步形成了一个“多元一体”的民族。没有之前几个朝代打下的基础，清朝的版图拓展就没有依据，也是难以成功的。但是，在康乾盛世时期，将这种历史发展的大趋势真正变成了现实，并实现了大一统，这个伟大的功劳，不能不记在康、雍、乾这祖孙三代的头上。疆域的拓展与扩大，是康乾盛世的一个重要表现。

另外，康乾时期还通过调整经济政策，使社会经济得到了恢复和发展。康乾时期除了封禁地区，对一般的垦荒都采取了鼓励的政策，不但把垦荒起科征税的年限放宽到了6年，有的甚至是10年，而且清政府还承认垦荒者的土地所有权，官府“给以印信，永准为业”。此外，清政府还有计划地对边疆地区实行军屯、民屯。康熙皇帝重视治理黄河、淮河、浑河（后改名永定河）等，使为害多年的水患得到解决。这样一来，原来的被淹之地都变成了良田。雍正时期，清政府还扩大修筑浙江的海塘，保证了沿海地区肥沃的水田免受海潮的侵袭，将一部分海滩开为良田。乾隆时期，清政府十分注重兴修水利工程。大概是气候的原因，乾隆时期的水患十分猖獗与频繁，但由于平时防护手段得力，有灾时就进行抢救并进行赈济，也没有留下十分严重的后果，因而保持了社会的安定。在赋税制度方面，康乾时期做出重大改革，使无地和少地的农民不再承担繁重的赋役。康熙和乾隆时期，还曾多次蠲免赋税，数额之大，为历朝罕见，这样就使农民的负担大为减轻。随着农业技术的发展，又提高了单位面积的粮食产量。而且，这一时期，农业经济作物的品种增多了，种植的面积扩大了，并促进了当时商品经济的发展。随着农业经济和商品经济的发展，在京杭大运河的沿岸，兴起了一些商业城市，都市贸易呈现出一派欣欣向荣的景象。

在封建社会，人口往往是反映整个社会盛衰的重要指标。战争、灾害、瘟疫、饥荒等因素都是阻碍人口增长的重要因素。相反，当社会保持长期安定、经济持续高速发展、没有大面积的天灾的时候，国家的人口就会迅速增长。据《明史》记载，明朝的人口数字一直在5000万至6000万之间，前后变化并不很大。明朝末年的天灾、战争更是让当时的人口锐减。据官方统计，顺治八年（1651）的人口是1060多万，而到了康乾时期，国家人口迅速增长，康熙四十九年（1710），人口就达到了2230多万。特别是到乾隆朝，增长速度更是惊人，乾隆六年（1741），人口达约1.43亿，乾隆五十七年（1792）则达到3.07亿。人口的迅速增长，也是康乾盛世的一个重要标志。

康乾时期，中央与地方的联系加强了。中央能够对地方包括民族地区进行有效的管理，从而巩固了多民族国家的和平与统一。康乾时期，清政府不仅扩大了中国的疆域，而且实行了有效的管辖，使统一多民族国家的疆土得到了巩固。康乾时期，清政府始终十分重视民族问题。清政府通过各种方式密切民族之间的联系，增进民族情感，加强地方对中央的向心力。对广大的汉族，清政府主要通过“尊孔”、继承道统和稽古右文等措施来赢得汉族士人的心，同时，大清统治者也都能够真心实意地接受和学习汉族优秀传统文化，使满族人民能够彻底融入中华民族的主体文化之中去；对蒙古族，清政府通过世代联姻的方式，使两个民族血脉相连；对藏族、维吾尔族等，清政府则尊重其民族的生活习惯和宗教信仰等，给当地的重要宗教领袖和知名王公贵族以尊贵的地位和崇高的礼遇。清政府在热河(今河北省承德市)建造了许多庙宇，这些庙宇有着满、蒙古、藏、维吾尔等各族文化传统与历史建筑风格，就像是各民族的历史文化宫。皇帝在这里举行多种宗教活动，并热情接待各族宗教首领和王公贵族。

可以这么说，康乾时期的民族融合超过了历史上任何一个时期。雍正帝曾经很自信地说：“自古中外一家，幅员极广，未有如我朝者也。”“今六合成大一统之天下。东西南朔，声教所被，莫不尊亲。”此话虽然有一定的夸张成分，但大致是符合历史实际的。

康乾时期的文化教育事业很发达。清朝初期，清政府大力倡导理学，随之出现一些官方的理学家。但民间大多尚实学，也因此涌现出一批倡导经世致用的学术大师，他们的学术影响也是巨大的。清朝政府还开设了明史馆、一统志馆、四库馆等，网罗全国的学术精英，从事明史及其他的文化古籍的整理，推动社会文化向精深的方向发展。在教育方面，清朝时期的书院林立，这个时期的优秀学者之多，学派之众，成果之丰，都是其他朝代所无法企及的。康乾时期，是中国传统学术总结和集大成的阶段，学者们对中国传统文化研究的水平和成绩，都足以展示康乾盛世的繁荣气象。

康乾时期的清朝，在世界上也属于强国。当时，西方国家的势力还没有大量渗透到东方，一些商人和文化使者也是仰看天朝，附和朝廷，表现出了一副谦恭的姿态，国家周边的强大者只有沙皇俄国。康熙时期通过一系列战争有效遏止了沙皇俄国向中国的扩张势头，并签订了《尼布楚条约》。清朝的军队在这一时期保持了强大的战斗力，多年的战争，虽间或失败，甚至有重大牺牲，但军队基本上表现出勇往直前、敢于斗争的昂扬士气。乾隆时期，土尔扈特部自沙俄返回祖国，沙俄要求清朝交还土尔扈特部，大肆无理取闹，甚至武力威胁。清朝廷坚定地予以反驳，并告诫沙俄：要么兵戎相见，要么和平相处——这要看你们打算怎么办。我大清皇帝不会轻信盲从，与你们交恶。但如果你们背信弃义，我们悉听尊便！这铿锵有力的外交措辞，正是盛世大清国际地位的一个重要体现。

可以说，由盛而衰是历朝历代的封建王朝都难以避免的历史命运，也是社会发展的基本规律，这对把我国的封建社会推向历史巅峰的乾隆王朝来说也不能够例外。早在乾隆五十七年（1792），到中国访问的英国特使马戛尔尼，在给乾隆补贺80大寿之后对中国进行了一番详细考察后，就十分感慨地说："清帝国就像一艘破烂不堪的头等战舰……它之所以能够在过去的150多年中没有沉没，仅仅是由于一班幸运的、能干而警觉的军官们的支撑……一旦一个没有才干的人在甲板上指挥，那就不会再有纪律和安全了！"可见，这位英国人看到的是一个貌似强大其实十分虚弱的大清，一个从强盛逐渐走向衰败的封建王国。是的，大清帝国政治体制的落后正是起源于这个貌似极盛时期的康乾盛世。无可非议，康乾盛世是康熙、乾隆时代的骄傲，也是整个清朝的骄傲，但是，乾隆王朝经过多年的靖边扩疆战争，虽然建立了一些外事机构，多以处理被征服地区和国内民族关系为主要任务，实际上维护中央王朝的方式，采取一种闭关锁国的政策正是从这儿开始，一千多年来建立和发展的陆地和海上丝绸之路也正是在这儿几乎绝了踪迹，国势由此走向衰微。正如《红楼梦》一书中所说的那样，繁荣浮华的背后藏着一种"盛极而衰"的迹象。

在18世纪以前，世界的领先权一直掌握在东方和中国的手中，然而18世纪之后，历史的天平第一次向西方倾斜，一场世界的变革开始酝酿，这场变革的主角无疑要让欧洲来担任。纵观18世纪，正当强大的中华帝国在清王朝的统治下，处在鼎盛时期的时候，欧洲的哲学家已经开始思索完全不同但显然具有重要地位的西方文明；欧洲的艺术家和手工艺人则要把东方的神韵赋予他们的作品灵魂，使东方的新材料（瓷器）适用于欧洲；欧洲的政治家将摧毁封建制度的斗争进行到底；欧洲的社会学家则在寻找强大的源泉……最终，日益迅猛扩张的欧洲贸易和资本主义经济破坏了整个世界的社会秩序。在亚洲，坚船利炮成为强制贸易的“大礼包”；在非洲，残酷的奴隶贸易成为“时尚”；在印度洋周围，充斥着相互竞争的殖民大国的渗透；在近东和中东地区，贸易成了社会秩序的“破坏剂”。

虽然如此，康熙、雍正、乾隆在位时期仍然堪称清朝最鼎盛的时期，这一段时间可以说是半部清朝史。“康乾盛世”以乾隆时代最为鼎盛，又以乾隆时代而告终，那么乾隆时代到底是怎样的一个时代，世界又在发生着怎样的巨变？让我们一同翻开历史的书页去寻找答案，去了解乾隆皇帝，了解这位引领着大清朝一步一步走向鼎盛，又慢慢走向衰弱的关键历史人物。

在本书中，我们将再现那有着耀眼光环的大清帝王——清高宗爱新觉罗·弘历（1711—1799），这位年号“乾隆”、寓意“天道昌隆”的一代君王，也是在中国几千年封建社会历史上实际执掌国家政权时间最长的皇帝之一。他在清王朝政治稳定、经济繁荣、文化昌盛的时期君临天下；他个性张扬、大气洒脱；他多才多艺，政绩斐然，堪称中国帝王史上的一个传奇，无论是其执政史，还是整个人生都充满了传奇和神秘的色彩。乾隆皇帝身上好像散发着一种特殊的光芒，他就是这么一位极富才情、思想独特的政治家。

我们无意研究乾隆在整个中国历史上究竟是功大于过还是过大于功，我们仅希望以客观的描述给读者展示一个真实的、多面的乾隆皇帝。在“一带一路”各项活动频繁推进的如火如荼的今天，在丝绸之路经济带蓬勃发展的今天，我们谨希望通过书中朴实无华的文字，给当下的“一带一路”建设伟大事业提供一种反思，增添一份助力。

一、谜一样的身世，谜一样的帝王

1.神秘的身世

自崇祯十七年（1644），多尔衮率清兵入关，清朝历经了顺治、康熙等几朝的治理，国势日渐强盛，经济也得到迅速发展。历史定格在康熙五十年（1711），这一年，一位极具雄才大略的帝王诞生了，他把大清帝国带上了历史的巅峰，他就是一代风流帝王——乾隆。

康熙五十年（1711）八月十三日这一天夜里，身为雍亲王的胤禛，内心忐忑不安。当他听见一声婴儿的啼哭后，一直悬着的心一下子兴奋起来；当得报格格钮祜禄氏（据《清史稿》卷214《后

乾隆画像

妃传》：钮祜禄氏“年十三，事世宗潜邸，号格格”）生下了一个男孩，他感觉整个雍王府邸（后改称雍和宫）好像一下子明亮了很多（参见唐文基、罗庆泗著：《乾隆传》，人民出版社1994年版）。

在此之前，雍亲王胤禛已有4子。长子弘晖，为后来成为皇后的乌喇那拉氏所生，但于8岁夭折。另外，后来成为齐妃的李氏为胤禛生有3子，他们分别是弘昐、弘昀、弘时。但弘昐未满2岁即夭折了，弘昀排行第二，11岁也死去了，眼下就只剩下了一个8岁的三子弘时。胤禛贵为亲王，可是只有1个儿子，就显得他这一脉子嗣单薄、人丁不旺。这几年，也正是诸王子为了争夺储君之位而进行的明争暗斗进入白热化之时。

太子胤礽废而复立，而其昏庸暴戾的禀性丝毫没改，康熙帝已对他备感失望，因此其地位已是岌岌可危。众皇子都存有争夺太子之位的心思，胤禛与几个兄弟一样也有觊觎皇太子位之心，但他处处加以掩饰，口头上说，储君之事，“避之不能，尚有希图之举乎！”暗地里却在偷偷地进行筹划部署。胤禛以川抚年羹尧与同母弟皇十三子胤祥等为核心组成了自己的夺权小集团。胤禛心中明白，在诸阿哥当中，谁能得到老皇帝康熙的欢心和喜爱，谁就能在未来的皇权争斗中占据主动。因此多年来，他一直坚守这一信条，并严格约束自己的一言一行。现如今，他又给老皇帝康熙增添了一个可爱的皇孙，这必然会使自己在康熙内心的天平上又增加了一个极其重要的砝码（参见唐文基、罗庆泗著《乾隆传》，人民出版社1994年版）。

钮祜禄氏是四品典仪凌柱的女儿，其父官爵并不显达。她生下的这个儿子，取名弘历。弘历便是后来在中国历史上执政长达63年的乾隆皇帝。

在清朝的前几位皇帝身上，历来都有奇怪神秘的传说，这位未来的乾隆皇帝弘历也不例外，他的身世之说更是十分的离奇神秘，甚至有史料记载说他不是满族的血统，而是一位汉族官宦的后代。孰对孰错，无从考证，关于乾隆的身世之说，我们谨摘录如下，供读者阅读甄鉴。

一种说法认为，弘历出生在承德避暑山庄内的“狮子园草屋”之中。避暑山庄位于河北省，是弘历的祖父康熙皇帝处理政务兼修身养性之地；狮子园是这座规模宏伟的皇家苑囿的一部分，是康熙帝赐给其第四子，即弘历之父胤禛的一处私园。胤禛每每扈从康熙帝至山庄，便要驻跸在这里。

康熙四十九年（1710）的夏秋之际，56岁的康熙帝带着包括胤禛在内的皇公贵戚来到山庄消夏、狩猎。一天，胤禛持弓拿箭，在离山庄不远的阿格鸠围场行猎，正巧射中一只大鹿。胤禛十分高兴，立即叫随行者砍下鹿角，并接了一碗温热新鲜的鹿血饮下。鹿角血滋补壮阳，使得胤禛欲火中烧，于是马上找了狮子园内的一位女侍聊解私欲。这位女侍名叫李金桂，时年27岁，是位长相非常普通的粗使丫环，胤禛为了一时泄欲，令她怀孕在身。第二年，胤禛又随康熙帝来到山庄行猎。这期间，李金桂在胤禛的私园内产下一子，一口咬定他就是胤禛的孩子。胤禛自知与李金桂有着一段交情，又见这孩子生得眉清目秀，十分招人喜爱，于是，征得父亲康熙帝的认可，将孩子抱回他在京师的雍王府内养育。李金桂则因名分不正、地位低下又欠端庄而被留在狮子园中，直至老死。胤禛为了抬高孩子的身份，命他归属于格格钮祜禄氏名下，并载入皇室的玉牒家谱：“雍亲王胤禛第四子弘历，康熙五十年（1711）八月十三日子时生于王府，母格格钮祜禄氏”（参见高阳著:《乾隆韵事》，中国友谊出版公司1985年版）。

弘历长大称帝后，从他的叔叔口中得知身世真相，于是，驾幸至承德山庄认母，封李金桂为太妃，并在她所居草房对面修建一亭，亭上悬挂一匾，上题“护云”二字，寓意长护慈云，以示孝思。这段史料文献和山庄内狮子园、护云亭遗址，似乎为上述传说增添了几分真实性。但是，这毕竟只是一个传说而不是史实。因为，弘历生于康熙五十年（1711），而其父胤禛获康熙帝所赐狮子园却修建于康熙五十一年（1712）之后，这样，弘历生于“狮子园草屋”的说法便不攻自破了。还有，清朝皇室为了保持血统的高贵，制定了严厉的家法，如果有皇子勾搭宫女成奸，必以秽乱宫廷罪论处。胤禛处事稳健、机敏，尤其一直热衷于皇位的争夺，他断然不会以一时的风流丧失自己的政治前程。

关于弘历的出生问题，还有一种更为荒诞离奇的说法。该说法见于《清宫遗闻》，它不但说弘历的母亲不是宫中之人，而且连他的父亲也不是胤禛。说他本是出自浙江海宁的陈氏。陈氏为汉族人，是当地的名门望族，曾两度出现兄弟子侄三人同榜中第的罕见现象，世代与清廷关系密切。

据《清宫遗闻》记载，康熙五十年（1711）八月十三日，时为雍亲王的胤禛家添一女，陈家生得一子。胤禛称对两个小孩同年同月同日出生感到十分好奇，便让陈家把男婴抱入其王府审视，数日后才把婴儿归还。但令陈家吃惊的是，胤禛所还回的是位女婴。陈家迫于皇室的权威，只好敢怒不敢言地认可了所发生的事实。

胤禛在称帝后，为自己“以男易女”的行为深感对不住陈家，于是，立即擢升陈家数人至显赫官位，以做弥补。弘历长大后，对陈家更是备加礼遇。他6次下江南，其中4次专门至陈家审视，令世人羡慕不已，同时，也越发地令世人对弘历原本是陈家后代的说法深信不疑。

关于此段弘历的身世，于情于理都是漏洞百出。首先，在弘历出生时，海宁陈家陈诜年近70岁，已过了生育年龄，不可能再生子。陈元龙也年届六旬，并且在距离京师2000公里之外的广西任巡抚之职，他即使有可能生子也没有机会与胤禛相互调换子女。陈世倌时年32岁，倒是正值当年，但是，他当时仅是位七品编修芝麻官，低微的地位使他不可能与身为王爷的胤禛有厚交，自然也就没有换子的机会。

其次，胤禛得弘历时正是34岁的壮年时期，他又妻妾成群，何况还有一健康成长的儿子弘时。因此，他完全没必要拿自己“金枝玉叶”的亲骨肉去换一汉民、卑微人家之子，让他作为自己皇室“龙种”的候选人，以乱今后帝系的血统。

再有，弘历频频至陈家，是与他南巡治水的目的有关。海宁城是治理水患的重地，其整治的好坏直接关系到钱塘江下游农业发展和民众生活。陈家作为当地的大官僚，宅第相对较宽敞，屋室建筑相对较齐整，因此，弘历每每选择陈家私园“偶园”来作为他一行人马的暂时驻跸地。后来他将该园改名为“安澜园”，即寄托着他希望此处水势安澜无患的美好愿望。为此，他还专门赋诗一首，题为《驻陈氏安澜园即事杂咏》，曰：“名园陈氏业，题额曰安澜。至此缘观海，居停暂解鞍。”言明了他与陈家交往的因由事故。

关于弘历出生问题的第三种说法，是历史学家普遍认同的一种，即弘历的母亲姓钮祜禄氏。她虽然谈不上年轻貌美，但温顺贤惠，嫁胤禛7年后，在雍亲王府内生下弘历。胤禛在此之前曾生有4子，但是由于疾病，乌喇那拉氏所生长子弘晖8岁夭折。李氏所生三子中，弘昐还不曾叙齿排行，未满2岁就殇逝了，弘昀11岁死去，仅有其第三子弘时存活，时年8岁。钮祜禄氏所生的这个男婴，无疑让家丁不旺的胤禛备感喜悦。当时按照皇室的惯例，凡是皇子幼殇，不排入行次。弘昐属于幼殇，因此，弘历被视为皇四子。

钮祜禄氏自从生下弘历后，“母以子贵”的她深得婆婆德妃乌雅氏和丈夫胤禛的欢心。胤禛继帝位后，晋封她为熹妃，不久又晋封为熹贵妃。她44岁时，弘历称帝，尊她为皇太后，上徽号崇庆皇太后。

弘历对其母钮祜禄氏很是孝顺，除平时按规矩向她省视问安，率后妃侍膳外，每每有外出巡游之事，亦多奉她同行；除每年带她拜谒孝陵、木兰秋狝外，还带她东巡、南巡、西巡五台山各3次，希望以丰富多彩的地域风情，充实其寂寞而单调的内廷生活（参见李湜著：《乾隆皇帝画传》，紫禁城出版社2005年版）。

不仅如此，弘历每逢她寿辰，都要亲自祝寿，并筹办隆重的庆寿仪式，逢她五旬、六旬、七旬、八旬等“整寿”，更是在朝廷内外举行隆重的庆典仪式。故宫博物院藏有一本弘历谕令宫廷画家创作的《胪欢荟景图》册，其中有一开画页题名“慈宁燕禧”，描绘的是弘历在其母亲居住的慈宁宫中，亲自为她举觞祝寿的场景，母子亲情溢于画外。

故宫博物院还藏有一幅《多禄图》，它是弘历为恭祝母亲80寿辰而亲笔创作的写生图。画上自题：“于避暑山庄见呦鹿卓立而戏，辄写其畅适之意。且鹿为不老之寿，装以成轴敬献慈宁，用介眉寿也。”因鹿的谐音是“禄”，因此画名为“多禄”。该图寄托了弘历对母亲的一片深情。

弘历为了给母亲钮祜禄氏祝寿，还不惜大兴土木。乾隆十六年（1751），弘历命人将紫禁城大内的咸安宫加以改造，改建后命名为“寿安宫”，顾名思义，内含有祝其母亲平安长寿之意（参见李湜著:《乾隆皇帝画传》，紫禁城出版社2005年版）。

2. 受宠的皇孙

清朝皇室自康熙继位以来，子嗣之间的争权夺位之事就没有停息过。他们为了争夺皇太子之位，以便后来登上皇位，各皇子之间纠集同党、培植势力，整日勾心斗角、互相倾轧，甚至同母兄弟之间互相残杀。

康熙皇帝画像

一时间，皇位的争夺取代了正常人伦与亲情，亲人变成了仇人、对手。权力的交替伴随着整日的明争暗斗与血雨腥风。康熙皇帝为此事也是煞费苦心，终日不得安宁。就在康熙帝满腹苦闷的时候，弘历降生，这好像在他一潭死水般的心底蓦然出现的一颗璀璨的明珠，让他的内心有了一丝安慰和喜悦（参见董思谋著：《清高宗乾隆传》，河北人民出版社2016年版）。

康熙皇帝第一次见到弘历的时候，弘历已经年满12岁，当时身为和硕雍亲王的胤禛（即后来的雍正皇帝）在圆明园邀请康熙皇帝前来，打算借为康熙皇帝预祝寿辰的机会向皇帝引见弘历。是时康熙帝心情很好，见到小皇孙弘历品貌端正、天资聪颖，一下子对弘历产生了好感，即下令把弘历带到宫中抚养。关于这次见面，史书也有详细的记载。

据说康熙六十一年（1722），弘历已经长得仪表堂堂，在同龄的孩子中，他个子偏高，也比一般的孩子更有智慧与胆气，这一点让人觉得十分可贵。于是雍亲王胤禛与钮祜禄格格都觉得应该让康熙皇帝见一见弘历这个孙子。这一年三月的一天，他们一起央求雍正的母亲当时的德妃娘娘帮忙促成此事，德妃娘娘答应了。

这一天，德妃娘娘进言，问康熙皇帝是否还记得雍亲王有一个小阿哥，康熙皇帝还未曾谋面的一个小孙子。

“记得呀！”康熙皇帝不假思索地说，并问德妃道，“不是叫弘历吗？”德妃娘娘见康熙皇帝表现出了很感兴趣的样子，于是便说：“是的，他叫弘历，今年已经12岁了。”

“他早就吵着要来参见皇上您了。”雍亲王和雍王妃在一旁赔着笑说，“皇上，您看这会儿可以让他来见您吗？”

“好啊！我倒要看看弘历这孩子长得怎么样了！”看起来康熙皇帝这天的心情非常不错。

不大一会儿，弘历便由人带着来到了门前，只见他步履安稳，一举一动都合乎礼节。弘历在离康熙皇帝五六步的地方站定，然后缓缓跪下磕头，并朗声说道：“孙儿弘历给皇爷爷磕头了，并恭请皇爷爷万福金安！”

弘历面目清秀，声音清朗洪亮，康熙皇帝十分欢喜，赶紧叫他起来。只见弘历起来之后，却依然站在那里，而且很快又磕下头去。康熙皇帝有点奇怪，“不是已经行过礼了吗？”他不解地问身边的人。只见弘历开口讲话了：“孙儿刚只是觐见皇爷爷，这回才是给皇爷爷拜寿。孙儿弘历恭祝皇爷爷福如东海，万寿无疆。”康熙皇帝更是高兴了，并对身边的人称赞道：“好懂规矩的孩子！”他欠身去拉弘历，“孙儿，快起来，让皇爷爷看看”。

他两手拉着弘历，欢喜之情溢于言表。只见康熙皇帝慈祥地问弘历：“念书了没有？”弘历回答：“念了6年了。”康熙皇帝赞许地点点头，又问道：“那你念了国语（即满洲语）没有？”弘历从小就有语言天赋，满洲话也已经很熟练了。听到皇爷爷的问话，他自信地回答说：“念了3年了。”

“念了3年了，不错。那我倒要考考你了！”于是康熙皇帝用满洲话问弘历道：“那你知道不知道，你姓什么呀？”

“知道！”弘历也用熟练的满洲话回答道，“爱新觉罗。”

“爱新觉罗是什么意思呢？”

“是金子。”

“对，对，是金子。那我问你，在这个世界上最珍贵的是金子，对不对？”

“不是，皇爷爷。世界上最珍贵的是仁义！”

“仁义，你居然还知道仁义是最可贵的！”康熙皇帝这时已经是不止于欣喜了，他简直有点吃惊与感动了。

康熙皇帝回头对雍亲王说：“这孩子非常难得，一定要好好教导。”康熙皇帝想了想又对德妃娘娘说道：“不行，把弘历带回宫去，我要亲自教导他。”于是弘历快速退后两步，站到父亲雍亲王的身后，和父亲一起跪拜了下去，谢康熙皇帝的恩典，只听康熙皇帝说道：“快起来，快起来！”

从此以后，弘历就被养在康熙皇帝的宫里。那段时间，储君问题长时间折磨着老皇帝，父子成仇，兄弟侧目，作为一位垂暮老人内心是痛苦的。如今，这个小孙子成了他的精神寄托。雍亲王胤禛常常借着去看弘历的机会接近康熙帝，父子俩因为都爱弘历，感情上有了共鸣，康熙皇帝把目光自然地转移到了这个儿子身上。胤禛这步算是旗开得胜。

康熙非常宠爱弘历这个聪明的皇孙。弘历一入宫，他就亲自教导弘历，教他读书，有时候康熙皇帝到围场打猎或者批阅奏章的时候，都要弘历在一旁看着。

有一次，康熙提起了宋代学者周敦颐的那篇名为《爱莲说》的文章，弘历竟然倒背如流，并能讲出其中的道理，这让康熙皇帝喜出望外。

康熙又让弘历向擅长骑射的皇子允禧学习射箭，向擅长制作火器的庄亲王允禄学放火箭。小弘历一学就会，康熙对弘历更是大加赞赏。

康熙六十一年（1722）秋季的一天，康熙带着弘历一起去热河（今承德）避暑山庄避暑，并特别将自己以往居住的宫殿的侧堂万壑松风殿赐给弘历一个人居住，让他在这里读书习文。有一天，康熙皇帝乘坐御舟停泊在不远的晴碧亭畔，因为想念弘历心切，他远远地呼唤着弘历。弘历一听到皇爷爷的呼唤，急忙从一座小山坡上连蹦带跳地冲了下去。康熙皇帝见他跑得太快，十分担心他摔倒，急忙劝阻道："孙儿勿疾行，恐致蹉跌。”由此可见康熙皇帝对孙儿的疼爱之情。

后来，弘历经历了黑熊之险后，康熙对他更加疼爱了。事情的经过是这样的：在木兰围场里，康熙用火枪打中了一只黑熊。看到黑熊倒在地上一动不动，康熙便叫随行的弘历去察看一下那只黑熊到底死了没有。谁知就在弘历快走到黑熊跟前的时候，倒地的黑熊却一下子站了起来，向着弘历就扑过去了。在这万分危急的关头，弘历并没有害怕，而是十分机灵地躲过了黑熊，在离黑熊一段距离之后立即搭箭朝着黑熊射去，再次被射中的黑熊最终被火枪手制服并被击毙了。在这件意外事件中，康熙皇帝见小小年纪的弘历竟然临危不惧，表现得十分勇敢，对弘历更加喜欢了。回到营帐之后，康熙皇帝十分激动地对身边的人说：此儿“是命贵重，福将过予”。康熙还特地赏赐了弘历。从此，康熙皇帝屡屡对弘历毫不掩饰地偏爱和赞誉，不仅仅是祖孙之间情感的流露，还暗含着康熙皇帝期待将来由小弘历继承大统的愿望（参见何君主编，红钊著：《实事求是说帝王——清高宗乾隆》，中国长安出版社2007年版）。

康熙六十一年（1722）的十一月，康熙病危之际召集大学士马齐等人，并留下遗言：“第四子雍亲王胤禛最贤，我死后立为嗣皇。胤禛第二子有英雄气象，必封为太子。”（《参见李朝实录》）这样，康熙直接指定了两代接班人，为弘历以后顺利继位打下了基础（参见红钊著：《清高宗乾隆全传》，企业管理出版社2012年版）。

弘历的少年时期，可以说是在康熙、雍正两朝帝王的亲自教诲和格外垂青中度过的。对于弘历本人来说，身为皇子的十多年是他活得最潇洒、最率性的一段自由时光。他不像他的曾祖父顺治和祖父康熙，他们都是在十分年幼的时候继承了皇位，几乎没有领略到天真烂漫的童年滋味；他也不同于他的父亲雍正，为了谋取皇位，青年时代更是机关算尽，直到45岁的

雍正皇帝画像

时候，大好的年华已经远去，才当上了皇帝。弘历在十二三岁的时候就被祖父康熙皇帝密定为皇储了，从此他就无须为此耗费精神了。他的父亲雍正更是鉴于康熙皇帝晚年诸皇子卷入政治纷争的前车之鉴，也绝不允许弘历过早地与外界社会以及内阁大臣们独自接触。事实上，乾隆帝弘历早年时期最为有利的条件就是雍正皇帝对他的态度，因为雍正皇帝无时不在处心积虑地维护着弘历皇储的地位，以期望他在登基之前少受伤害，并早日具备帝王必备的资格。

在弘历的启蒙时期，翰林院大学士福敏成为弘历的第一任老师。没过几年，弘历便是经史子集成书在胸，不久，弘历便学完了这位大学士胸中大部分的知识。后来，在弘历的一再坚持和要求下，徐元梦、朱轼、张廷玉、嵇曾筠4位品行端直、学问渊博的名臣大儒成为他的老师。但这4位老师中，徐元梦不久即获罪离开了，张廷玉又因为公务比较繁忙，很少在上书房露面，因此实在抽不出时间教导弘历。只有朱轼、嵇曾筠经常到书斋为弘历讲授学业。事实上，对弘历来说，松劲殿拜师虽然是4位，但教他最多，对他影响巨大，甚至让他终身念念不忘的只有朱轼一个人。

朱轼，字若瞻，号可亭，乾隆即位之后，常常称呼他为“可亭先生”。朱轼是江西高安人，是康熙三十三年（1694）的进士。朱轼一生为官清廉，学识渊博，尤其是经学功底十分深厚。

如果说大学士福敏是让乾隆帝弘历饱读经史子集的老师，那么，朱轼就是帮乾隆帝把这些知识咀嚼、消化，让中国几千年的文化精髓，尤其是儒家的政治思想与道德规范伴随他一生的名师（参见红钊著：《清高宗乾隆全传》，企业管理出版社2012年版）。

自康熙时期，朱轼就先后出任了知县、刑部主事、刑部郎中等职，他比较推崇宋代哲学家张载的观点学说，并经常教导自己的学生塑造相应的品质。后来，朱轼因为政绩出众，多次被提拔升迁，直到后来担任左都御史之职。雍正时期，朱轼入值上书房，先后被提拔为吏部尚书、太子太傅、文华殿大学士等。他很有真才实学，为此，当他父母去世时，曾被康熙、雍正两位皇帝先后恩准在职服丧，其受重视程度可见一斑。

朱轼还是一位十分著名的理学家，他政务虽忙，却不废学问，在生活上也十分节俭。朱轼除了比较推崇张载的学问之外，对贾谊、董仲舒、周敦颐、程颢、程颐等人研究颇深。朱轼出任弘历的老师时，弘历已经十二三岁了，他的学业基础已经很好，只是还没有形成成熟的性格、气质、兴趣爱好。因此，朱轼的教导，对弘历的性格、爱好、志向以及能力等方面的形成起到了十分重要的作用。

还有一位对弘历影响比较大的老师是蔡世远，虽然弘历对蔡世远没有行拜师礼，但弘历与蔡世远却共同度过了8个年头，他从蔡世远的身上慢慢领悟到了人际交往与谋划权力的本领（参见何君主编，红钊著：《实事求是说帝王——清高宗乾隆》，中国长安出版社2007年版）。

蔡世远（1682—1733），字闻之，福建漳浦人，于康熙四十八年（1709）考中进士。他十分擅长古文，因此专门教弘历学习古文。

蔡世远曾和李光地一起编辑了《性理精义》，后来这本书一度成为乾隆学习的课本。雍正年间，蔡世远入值上书房，后又被擢升为内阁学士、礼部侍郎等，但他的主要任务还是教导乾隆等皇子们读书。蔡世远的态度十分认真，他在内廷担任老师长达10年的时间，每日早出晚归，甚至没有一天缺席过。蔡世远也是一位推崇宋儒的理学家，他极力把这些宋理精义讲给乾隆等人，经常结合时政将程朱理学的思想精髓灌输到这些特殊的学生的头脑中去，这对日后乾隆治理国家有着非常大的帮助（参见何君主编，红钊著：《实事求是说帝王——清高宗乾隆》中国长安出版社2007年版）。

由于弘历的天分极高，又十分用功，所以也得到了许多老师的交口称赞。与他一起学习的同窗也给了他很高的评价。通过老师的教导以及与同窗的切磋，加上自己超凡的领悟力，弘历初步构建起了以儒家思想为基本取向的伦理道德体系。他尊奉孔子，推崇宋儒，坚信儒家的“仁政”“德治”的正确性，这给他日后在处理君臣关系方面以很大的帮助。对于孔子，他十分欣赏其“宽则得众”等一些格言。乾隆帝在《宽则得众论》一文中说：

> 自古帝王受命保邦，非仁无以得其心，而非宽无以安其身。二者名虽为二，而理则一也。故至察无徒，以义责人则难为人；推宽，然后能并育兼容，众皆有所托命，诚能宽以待物，包荒纳垢，宥人细故，成己大德，则人亦感其恩而心悦诚服矣。苟为不然，以损急为念，以刻薄为务，则虽勤于为治如始皇之程石观书，隋文之躬亲吏职，亦何益哉！

历代帝王中，弘历最崇拜唐太宗。他曾在论唐太宗的史论中赞美道：“虚心待物，损上益下，才能达到天下之盛。即位之后，励精图治，损己益人，爱民从谏，躬行仁义，用房玄龄、魏征之谏，君臣相得，不敢怠慢，才能达到贞观之盛。”（参见红钊著：《清高宗乾隆全传》，企业管理出版社2012年版）

经过十多年的学子生涯，弘历成长为一个文武双全、德才兼备的合格皇位继承者。

3.乐善堂文钞

弘历读书很用心，过目成诵，并经常撰写诗文。雍正八年（1730）秋，年仅20岁的弘历对自己14岁以后写的诗文进行挑选整理，编辑成册，取名为《乐善堂文钞》。

乐善堂是弘历的书斋。弘历以“乐善”为他的书斋命名，又以“乐善”作为他的诗集名，是因为他对“乐”与“善”两个字有深刻的理解。弘历在《乐善堂记》一文中写道：

> 余有书屋数间，清爽幽静，山水之趣，琴鹤之玩，时呈于前。菜圃数畦，桃花满林，堪以寓目。颜之曰乐善堂者，盖取大舜乐于人以为善之意也。

关于编辑《乐善堂文钞》的目的，弘历在序言中写道：

> 余生九年始读书，十有四岁学属文。今年二十矣。其间朝夕从事者，四书五经、性理纲目、大学衍义、古文渊鉴等书，讲论至再至三。
>
> 顾质鲁识昧。日取先圣贤所言者以内治其身心，又以身心所得者措之于文，均之有未逮也。日课论一篇，

间以诗歌杂文，虽不敢为奇辞诡论，以自外于经传儒先之宗旨，然古人所云文以载道者。

内返窃深惭恧，每自念受皇父深恩，时聆训诲，至谆且详，又为之择贤师傅以授业解惑，切磋琢磨，从容于藏修息游之中，得以厌饫诗书之味，而穷理之未至，克己之未力，性情涵养之未醇，中夜以思，惕然而惧。

用是择取庚戌（雍正八年）九月以前七年所作者十之三四，略次其先后，序、论、书、记、杂文、诗赋，分为十有四卷，置在案头，便于改正。且孔子不云乎“言顾行，行顾言”。

《书》曰“非知之艰，行之维艰”。常取余所言者，以自检所行。行倘有不能自省克，以至于言行不相顾，能知而不能行，余愧不滋甚乎哉。

从序言可以看出，弘历刊刻《乐善堂文钞》的目的是用自己的言论来检查自己的行为，达到言行一致。

《乐善堂文钞》刊行后，乾隆曾多次重订，将雍正十三年（1735）前的作品加入其中，成为《乐善堂全集》。

弘历为《乐善堂文钞》写了序言，并请了14个人阅读并作序。其中有弟弟弘昼，同窗福彭，还有老师鄂尔泰、张廷玉、蒋廷锡、福敏、顾成天、朱轼、蔡世远、邵基、胡煦、和硕庄亲王允禄、和硕果亲王允礼、和慎郡王允禧。从这些人的序言中，可以看出他们对弘历诗文的充分肯定。

张廷玉说作者饱览群书，精通经史诗："自经史百家以及性理之阃奥诸赋之源流，靡不精览。"

朱轼说他："精研《易》、《春秋》、《戴氏礼》、宋儒性理诸书，旁及通鉴、纲目、史汉、八家之文章，穷其旨趣，探其精蕴。"

福彭说他才思敏捷："每为文，笔不停辍，千言立就，而文思泉涌，采翰云生。"

邵基更说《乐善堂文钞》是稀世之作："其气象之崇宏，则川渟岳峙也，其心胸之开浚，则风发泉涌也，其词采之高华，则云蒸霞蔚也；其音韵之调谐，则金和五玉也。"

从评语中还可以看出，年轻的弘历怀有治理天下的道德和才能。

张廷玉说："皇子以天授之才，博古通今之学，循循乎祇通圣训。敬勤无斁。"

朱轼说："圣祖仁皇帝德合乾坤，功参化育。我皇上钦明缉熙，圣以继圣，本精一执中之心法，发而为荡平正直之皇猷。万方臣庶是训是行。矧皇子天禀纯粹，志气清明，晨夕侍奉之下，其熏陶涵育于圣德圣训者，固已日新月盛，莫知其然而然矣。从此敬承无斁，优游厌饫。戒于思虑之未萌，恭于事物之既接，进德修业之功，得而窥其所至。"（马齐、朱轼等编纂：

《康熙朝实录》）

由于政治环境的改变，弘历不必像父辈那样为夺权而明争暗斗。他要做的事情是在皇族和朝臣之中树立起未来明君的形象。编辑《乐善堂文钞》，就是弘历为了宣传自己而采取的一项聪明举措。有了张廷玉、朱轼等人的一致称许，他果然在众皇子中脱颖而出，就连最有力的竞争者弘昼也不得不表示佩服：

> 弟之视兄，虽所处则同，而会心有浅深，气力有厚薄，属辞有工拙，未敢同年而语也。吾兄随皇父在藩邸时，朝夕共寝食相同。及皇祖见爱，养育宫中，恪慎温恭。皇父见之，未尝不喜。皇父闻之，未尝不乐……兄之乐善无穷而文思因以无尽。凡古圣贤之微言大义，修身体道之要，经世宰物之方，靡不发挥衍绎娓娓畅焉（爱新觉罗·弘昼:《乐善堂文钞·序》）。

康熙的钟爱是弘历最有力的资本，因此，他在《乐善堂文钞》中多次提及，大造舆论，说皇祖曾赐他“长幅一，横幅一，扇一”，“恩宠迥异他人”，“得皇祖之泽最深”。由此可见，弘历刊刻《乐善堂文钞》是有明确的政治意图的。

弘历自幼颇得康熙皇帝的垂青与厚爱。其父雍正即位后，弘历自然成为王储，在这种情况下，只要他能克勤克俭，树立起宽厚仁德的形象，王位可唾手而得。相反如果弘历急于登基，表现得锋芒毕露，给康熙及其父雍正一个刻薄寡恩的印象，那么他就会被最高权力者所粉碎，被权势的洪波所淹没。鉴于此，弘历表现得相当克制，做到了“淡泊以明志，宁静以致远”。他巧妙地利用其他人来为自己鼓吹，大肆宣扬自己的长处，并把他们拉入自己的阵营中来，实现了一石二鸟的目的。

《乐善堂文钞》反映了涉世未深的年轻皇子弘历的政治理想、生活情趣，以及闲适恬淡的心境，浸透着正统儒家思想。弘历通过编撰《乐善堂文钞》，不但向皇族展示了自己的才华，而且传递了自己为人处世的理念。

弘历的所作所为很快收到了成效。雍正十一年（1733）二月七日，志得意满的弘历受封为和硕宝亲王，同时受封的还有其二十四叔允秘（被封为诚亲王）、弟弟弘昼（被封为和硕和亲王）。从此以后，23岁的弘历日益受到雍正帝的重用，并代表其主持一系列重要的祭祀活动，如在受封的当年就主祭景陵、孔子、太岁之神；第二年奉命祭太庙、关圣帝君、方泽坛等。此外他还总理军机，策划平定准噶尔叛乱与黔苗的兵事，以资历练。他在处理政务上逐渐显现出精明果断的政治才华。

事实上，弘历有所不知，早在7年前他就已被秘定为皇位继承人了。雍正元年（1723），初登皇位的雍正帝，鉴于以往太祖努尔哈赤、太宗皇太极、世祖福临、圣祖玄烨四代在传袭皇位上，由于没有事先定好继承者，而造成一次次争夺皇位的血腥互残，于是创设了建储制度，即由现任皇帝在生前秘密地写下标有其皇位继承者姓名的谕旨。这一做法的好处是，首先，它避免了皇子间争夺储位，自相残杀，保证了皇位继承的和平过渡。其次，它不同于中国传统皇位继承法的立嫡长子制度，带有选贤任能的性质，有利于治理天下。其弊病是，皇帝不能对所定候选人广泛征求意见，只能由他一人定夺，稍有不慎就有可能造成误国殃民的灾害。

雍正帝刚刚登上皇位之时，他的皇子除弘历之外，还有弘时、弘昼、福惠，他们每个人都有继承大统的

乾清宫正中的正大光明牌匾

资格。但是，由于弘历最具有才识和胆略，再加上康熙帝对弘历的看重，因此雍正就一直坚定地让弘历作为自己的继承人。雍正元年（1723）八月十七日，雍正帝在乾清宫西暖阁，召集总理事务王大臣、满汉文武大臣、九卿等，面谕了他拟定的秘密建储做法，随即命除总理事务王大臣外，其余诸臣退下。然后，他独自走到书案处，亲笔写下传皇位给弘历的黄条。写毕，将黄条装入锦匣内箴封起来，命人藏于宫中最高处乾清宫的“正大光明”匾额后。于是，13岁的弘历在不知晓的情况下，成为中国历史上第一位秘密预立的储君（参见李湜著:《乾隆皇帝画传》，紫禁城出版社2005年版）。

延伸阅读

康乾时期的科学成就与西学风尚

康乾时期，中国的自然科学与西方相比已经落后了许多。康熙皇帝对数学、天文学都有很深的造诣，并与拥有西方科学技术知识的传教士建立了良好的关系，聘请耶稣会教士南怀仁等制定了康熙《永年历》。

但康熙并没有把自然科学研究提到国家发展的战略高度来重视，没有建立专门的科学研究机构，从事科学研究的人也没有得到应有的地位和尊敬。乾隆对自然科学没有兴趣，更谈不上提倡。康乾时期自然科学方面的最大成就在天文历算方面，且主要表现为学者的个人著作，对社会和国家的影响是有限的。

这一时期在自然科学方面取得成就的学者主要有王锡阐、薛凤祚、方中通、杨文言、梅文鼎等人。王锡阐（1628—1682），号晓菴，精通中西历法，著有《晓菴历法》。薛凤祚（1600—1680），字仪甫，是天文、数学名家，编有《历学全通》。他与王锡阐齐名，当时有南王北薛之称。方中通（1634—1698）是方以智的儿子，清初，为了逃避清兵搜捕，曾与其父颠沛流离。他的代表著作是《数度衍》，是当时数学领域的百科全书。他与梅文鼎、薛凤祚均有往来。方氏父子被称为科学上的前安徽学派。杨文言（？—1713），又名杨道声，精通中西历法，曾参加《明史》的编撰工作，著有《历象图说》。梅文鼎（1633—1721），字定九，安徽宣城人。他会通中西之学，精于历算，清初著名天文学家、数学家、历算学家。明末清初西方科学知识的传入对梅文鼎产生了巨大影响。他著有《浑盖通宪图说补订》《西国日月考》《中西算学通》《历学疑问补》等。梅文鼎治学严谨，在天文和数学上做了大量的研究和启蒙工作，具有很高的学术威信，是后来安徽学派的擎柱，比方氏父子的前安徽学派影响更大。乾隆时，蒙古历算学家明安图著有《割圜密率捷法》，在数学研究上又有新的进展。

上述学者尽管接触了西方数学和天文学，在突破原有的数学框架方面有一定的进展，但仍然停留在传统的形式中。特别是在天文观测方面，技术非常落后，很难与理论推导相验证，从而推动天文学的发展。康乾时期的自然科学没有走向近代，与统治者对科学的抑制政策和落后的研究工具、研究手段都有很大的关系。

康乾时期在地图测绘方面取得了重大成绩。康熙四十七年（1708）在全国范围内开始大规模测绘，一些西方传教士，如白晋等人也参与了工作。经过30年的测量，绘制出一幅幅各省地图，并在此基础上又总绘成一幅全国地图，连同分省地图一起呈给康熙帝，这就是著名的《皇舆全览图》。这是中国历史上第一次采用近代科学方法测绘的地图，不但是当时亚洲最好的地图，而且比当时所有欧洲地图更好、更精确。乾隆时，又派人到新疆等地测量，制成《乾隆内府舆图》。至此，中国的疆域图完整而详备了。

康熙帝是自清入关以来的第二位皇帝，也是中国古代历史上政绩出色的皇帝之一，康熙的一生贯穿着“西学”这两个字，康熙皇帝是古代帝王中唯一一位认真学习过西学的皇帝。

康熙皇帝曾多次以西洋历算知识与群臣问对，康熙二十六年（1687），他与李光地召对乾清宫，曾问及西洋历法、西洋乐理和《几何原本》。

康熙三十一年（1692），康熙与群臣讨论历算，熊赐履、张玉书、张英等大学士俱不能答，他大为不满，竟至公开诘难："你们汉人全然不晓得算法。惟江南有个姓梅的知道些。"而康熙帝对梅文鼎兼通中西历算之学大加赞赏，且特书"绩学参微"四字表彰。

康熙帝热衷西学的直接意义，不仅在于使西学沾上某种"帝王之学"的光环，而且对文人学士具有明显的导向作用，即所谓"上有所好，下必甚矣"的效应。对于这种效应，李光地心领神会，做了最好的注解："固我皇上膺历在躬，妙极道数，故草野之下亦笃生异士，见知而与闻之。"

面对西学东渐这股强有力的异质文化冲击波，相当一部分清初士人的学术视野被吸引过去了。随着清初士人与西学多渠道的广泛接触，"西学"或"天学"这门自晚明兴起的新异之学，在清初几成时髦之学。流风所及，上至名公巨卿，如龚鼎孳、魏裔介、李光地等；下及布衣学者，如王锡阐、薛凤祚、梅文鼎等。既有站在时代前列的启蒙学者顾炎武、王夫之、黄宗羲，也有立足于儒家学统的理学名士陆世仪、陆陇其等。尽管他们对西学的认知有较大的差异，然而西学成为清初士人谈论与研讨的一个重要对象已是不争的事实。如一位清初学者所描述："近有西洋学，与中国所谈加巧密，虽小异而未尝不大同，世以郯子比之，闽浙传其学者甚多。"（引自清·揭暄撰《璇玑遗述》，丘维屏《序》）

面对西学东渐这股强有力的异质文化冲击波，相当一部分清初士人的学术视野被吸引过去了。而当他们关注西方实学的目光与当朝统治者的西学趣尚，因缘际会于同一时空，清初士林汇聚一股西学流风，自然不足为怪。

清初风靡一时的西学风尚，最突出的表现在于兴起了一股比较与研究中西天文历学之风，它几乎遍及整个学界。受西方科学传入的刺激，天文历学已成为明末实学派倡导经世致用的专门之学，即如方中通所言"自太西氏人而天学（按：指天文历学）为专门"，而崇祯朝由西法改历激发的中西历法之争，更使天文历学在中国学术界的地位日益为人瞩目。承明末之势，清初学者往往兼治历算，而治历者又必谈西学。正如梁启超所概述，"自《崇祯历书》刊行后，治历学者骤盛。若黄梨洲及其弟晦木；若毛西河，若阎百诗，皆有撰述"（《中国近三百年学术史》），而"其间专以历算名家者"则有薛凤祚、揭暄、方中通、杜知耕（1681年著《数学钥》，1700年著《几何论约》）等学者。

二、宽严并济：大刀阔斧启盛世

1.初政伊始气象新

雍正十三年（1735）八月二十三日，雍正帝在圆明园猝然去世，终年57岁（有传雍正帝是为吕留良的孙女吕四娘所杀。但据史书记载，他一生笃信佛道，应是因长期服用过量的丹药中毒而死）。皇四子宝亲王弘历依秘密建储位法，于九月初三在太和殿继皇帝位，改明年为乾隆元年（1736）。从此，乾隆帝便开始了他长达60年的皇帝生涯。康乾盛世在此时到达了顶点，从而成为中国古代封建社会最后的一个极盛时期。

乾隆继位时25岁，正当年轻气盛，

精力充沛，他自称“春秋方富，年力正强”，决心有所作为，成就一番事业。他自幼接受汉族传统文化教育，熟读《四书》《五经》，精通诗词歌赋、绘画书法。他喜欢研读历史，崇尚儒家修齐治平的理想，仰慕唐太宗经营的贞观之治。雍正十一年（1733）二月，弘历被封为和硕宝亲王，参加了一些军事活动并担任重要指挥，显露他非凡的才华。在雍正大丧期间，宫廷内外，政务繁杂，千头万绪，他采取一系列果断的措施，初步巩固了自己在全国臣民心目中的最高统治地位。

乾隆初期的政策措施可简单地归结为四字：宽严

乾隆画像

并济（或谓宽猛互济）。这是有针对性的。众所周知，雍正在政治上信奉“严”“厉”，具体措施上表现为苛、酷、暴、烈，这种政策虽然对纠正康熙时期松弛宽滥的弊端起到了一定作用，但它所导致的恶果也是很严重的。朝野上下人人自危，如履薄冰，致使下情不能上达，臣僚为图仕进而报喜不报忧，造成了严重的社会问题和政治问题。乾隆以及他的大臣们提出“宽严并济”的政策，意在改变这一状况。

何谓“宽严并济”？乾隆说的一段话道出了底蕴：“治天下之道，贵得其中。故宽则纠之以猛，猛则济之以宽。”“中者，无过不及，宽严并济之道也。”（《清实录·高宗纯皇帝实录》）但总的看来，乾隆初期的政策主要在“宽”，意在对乃父的政策作调整。

雍正时期皇族及上层内部纷争，造成了许多政治积怨，成为当时最突出的政治问题。乾隆继位伊始，就把它作为首要问题来处理，并以此作为调整政策的一个重点。雍正在位期间，为了稳固自己的帝位，曾对康熙末年参与争夺储位斗争的几个手足同胞无情打击，其中不少人如允祉、允禩、允禟等被迫害致死，导致皇室内部矛盾非常尖锐，父子兄弟间形同水火，也成为刚刚继位的新皇帝的隐忧和心病。为了缓和矛盾，收揽人心，乾隆以“亲亲睦睦”相号召，对宗室、觉罗因病革退的，其子孙分别赐以黄带子、红带子

（清制以显祖塔克世——努尔哈赤的父亲的直系子孙为宗室，系金黄色的带子；叔伯兄弟的旁支子孙为觉罗，系红带子），恢复其贵族皇室身份：被圈禁的允䄉、允禵等释放出监，给还爵位；原被削除宗籍、残害至死的阿其那、塞思黑，恢复其原名和宗籍，发还其子孙产业，赏给俸饷，收入玉牒。对于其他宗室，乾隆也采取了相应的比较宽厚的政策，如追复摄政王多尔衮封爵，恢复豫亲王多铎、礼亲王代善、郑亲王济尔哈朗、肃亲王豪格等人原爵，配享太庙。另外，对于年羹尧、隆科多两案的遗留问题，乾隆也作了处理。允许年羹尧冒滥军功等案内革职的知县、守备以上的文武官员起复，酌量降级录用。这些措施在一定程度上缓和了原来十分尖锐的皇室及上层内部矛盾，对乾隆初期政治上的安定起到了十分重要的作用。

在处理雍正遗留的政治问题时，众多的文字狱是乾隆不得不着手解决的一个难题。在这个问题的处理方式上，最典型地体现了乾隆“宽严并济”的指导思想。他下令直省大吏全面复查各起文字狱事件，宽免涉及牵连人员，放回原籍。为了消除其不良影响，消解广大官吏、士子的疑忌，乾隆连颁谕旨，反复劝慰：“嗣后一切章疏，以及考试诗文，务期各展心思，独抒杼轴，从前避忌之习，一概扫除。”连他原来视为罪大恶极的汪景祺、查嗣庭等文字狱案，亦找出理由宽免，以显示自己心胸宽大。然而，乾隆对两个人没有宽赦，反而采取了比乃父更为严厉的手段，这就是对曾静、张熙文字狱案的处理。雍正年间，曾静从清初学者吕留良那里接受了一套华夷之辨的反清思想，后派其弟子张熙投书川陕总督岳钟琪，劝他起兵反清。信中列举雍正有谋父、逼母、弑兄、屠弟、贪财、好杀、耽酒、淫色、诛忠、用佞等罪行。但岳钟琪并无反意，反而携书告发，曾、张等因而锒铛入狱。此案发生后，雍正做了一件非常愚蠢的事情。他将处理这起案件的上谕、曾静供词等内容合刊为《大义觉迷录》，颁行全国，试图驳斥种种宫廷流言，结果却适得其反，变成了此地无银三百两，真假更难以分辨，流言传布更广。雍正对此案罪犯的处理也非常离奇：主犯曾、张免罪释放，永不许杀，而死去40多年的吕留良反遭开棺戮尸，株连九族。乾隆刚即位，乃以“皇考当日或可姑容，而在朕今日断难曲宥”为理由，将曾、张解回京师凌迟处死。又宣布停止讲解《大义觉迷录》，定为禁书，严禁流传。从表面上看，乾隆杀曾、张违背了乃父的意旨，而实则是对乃父的回护，从中也表现了他在政策的具体实行时宽中有严、严中有宽、宽严相济的风格。在这点上，他吸取了乃祖、乃父的经验教训（参见仲伟民著：《康乾盛世》，上海古籍出版社1997年版）。

乾隆深知自己经验不足，必须依靠那些资深望重的大臣。即位后，他立即着手培植一批股肱重臣，对宗室王公和百官也示以优礼，对翰林院的文官进行甄别，裁汰一些不称职的官员。他继承康熙朝优礼老臣的传统，依品级给退休回籍的大学士、尚书全俸。他深知人才的重要，命大学士以下、三品京堂以上的在京官员不拘一格举荐人才，只要有真知灼见，品行兼优，才能卓越者，无论是现任职官或闲置人员，皆可据实保举。吏、户、礼、兵、刑五部是清代的中枢机构，用人得当与否非常关键，乾隆下令整顿，撤换不称职的官员。又对翰林院的文臣逐一考核，命掌院学士以下、编检以上的官员各写上谕一道，以检验这些文臣是否称职，优胜劣汰（参见左步清主编:《清代皇帝传略》，紫禁城出版社1991年版）。

雍正迷恋于僧道祥瑞，乾隆对此非常反感。即位之初，乾隆就将宫内僧道徒全部驱逐回籍。不久，他又在全国颁发度牒，限制出家人数，禁止擅造宫观，严令全国各地官员不许陈奏那些无益于国计民生的祥瑞之事。

清入关后吸取了历代宦官专权的历史教训，如雍正就规定太监的品级最高为四级，严禁他们交结外官。但是，太监恃宠骄横的例子仍然不少。乾隆发布了一道长达2000余字的上谕，严格加强对宫中太监的约束管理，影响极为深远。

另外，乾隆对各级官吏、绅衿士子和广大百姓也采取了比较缓和的政策，如增加俸银、量罪从轻、减免赋役等，对社会的稳定和发展都起到积极的作用。

乾隆即位后采取的一系列调整统治政策，施政比较务实，这对他的统治地位的确立和清朝中期政治形势的发展都有着重要的作用。其中，处理政治积案缓和了原来十分尖锐的统治集团内部矛盾，平反各文字狱案赢得了广大士人的欢迎，整顿宫中及官场恶习使政治走向更加正规。因而，乾隆初政虽然为时不长，但带来了全新的气象，证明了他是一个有所作为的皇帝，在清中期发展史上有着重要地位（参见仲伟民著：《康乾盛世》，上海古籍出版社1997年版）。

2. 盛世经济铸辉煌

“康乾盛世”时期，中华民族的经济发展取得了有史以来的最高成就。这一时期，我们国家的农业、手工业、对外贸易、科学工程、城市发展等都取得了辉煌的成就，达到了当时世界的先进水平。

明末清初，由于连年战乱而导致国家耕地面积的大量减少。据统计，在明朝万历八年（1580），全国耕地总面积为7亿亩，而到了顺治年间仅剩下5亿多亩。康雍乾时期，耕地面积逐年扩大。据统计，康熙二十四年（1685）全国耕地总面积恢复到了6亿亩，雍正二年（1724）全国耕地总面积竟一度恢复到了7.2亿亩，达到并超过了万历八年（1580）的水平，乾隆末年更是达到了惊人的7.8亿亩之多（学习时报编辑部：《落日的辉煌》，中共中央党校出版社2001年版）。

农业的发展不仅表现在耕地面积的扩大，还表现为农业生产技术的提高和新作物的引进，以及农业生产工具的革新与进步。在清代，双季稻已经在长江以南地区推广，番薯和玉米也得到推广种植。除粮食作物之外，桑、棉、麻等一些经济作物的种植得到发展（参见史仲文、胡晓林主编：《中国全史》第17卷《中国清代政治史》，人民出版社1994年4月版）。

康乾年间，由于封建社会基本秩序相对稳定，手工业工人的生活有了一定的保障，手工业部门也有了一定的进步和发展。

采铁、冶铁既供应人民生产和生活用具，又供应制造兵器的原料，这是国民经济中极重要的部门。封建官府的资金并没有渗入铁矿业内，而一概由商民自行开采、冶炼。全国各地有不少规模较大的采铁、冶铁工场，如广东佛山“炒铁之炉数十，铸铁之炉百余，昼夜烹炼，火光烛天”（《乾隆佛山忠义乡志》卷六，《乡俗志》），“计炒铁之肆有数十，人有数千，一肆有数十砧，一砧有十余人，是为小炉”（屈大均：《广东新语》）。雍正时，“粤省铁炉不下五六十座，煤山木工，开挖亦多，佣工者不下数万人”(《皇朝经世文编》卷五十五，鄂尔达:《请开矿采铸疏》)。湖北汉口，嘉庆时“有铁行十三家，铁匠五千余名……派买铁行之铁，督各匠昼夜赶造农器数十万事，约工价五万”。安徽芜湖也是著名的冶铁炼钢中心，“惟铁工为异于他县。居于廛治负者数十家，每日须工作不啻数百人”。浙江桐乡炉头镇“居民以冶铁为业，釜甑鼎鼐之制，大江南北，咸仰赖焉”。福建政和县的铁炉“每炉一座，做工者必须数十百人，有凿矿者、有烧炭者、有掮炉者，其余巡炉、运炭、运矿、贩米、贩酒等役亦各数十人，是以一炉常聚数百人”。陕西省冶铁也很发达，“供给一炉，所用人夫，须百数十人。如有六七炉，则匠作佣工，不下千人。铁既成板，或就近作锅、作农器。匠作搬运之又必千数百人。故铁炉川等稍大厂分，常川有二三千人，小厂分三四炉，亦必有千人、数百人。利之所在，小民趋之如骛”。在采铁冶铁业中，有的是携重金以经营采冶的工场主人，也有的是受雇用的采矿冶铁工人，开始形成两种社会力量，如佛山镇，“四方之贫民亦萃于斯，投资以贾者什一，徒手而求食者则什九也”(参见戴逸主编:《简明清史》第一册，人民出版社1984年版)。

清代采煤业也很发达，各地均有煤窑。政府除按照一般田赋则例外，没有特殊的煤矿税，管制比铜铁矿更加松弛。河北、山西是主要的产煤区，特别是北京城户口众多，燃煤的需求量很大，郊区煤窑林立。据乾隆二十七年（1762）工部衙门的报告，北京西山和宛平、房山两县，共有旧煤窑750座，在采的煤窑有273座，可见其数目之多。所谓“京师百万户，皆仰给于西山之煤数百年于兹，未尝有匮乏之虞”【《清代抄档》，工部尚书哈达哈等题，乾隆五年（1740）十一月初九】。其他各地，如直隶磁州“向有产煤炭窑口，俱系小民自备工本开采”【《清代抄档》，工部尚书哈达哈等题，乾隆五年（1740）十一月初九】；井陉（时属直隶正定府）“卑县产煤地方，历来听民间自行开采，以供炊爨”【《清代抄档》，工部尚书哈达哈等题，乾隆五年（1740）十一月初九】；承德（时为清廷直隶州）“所属地方，原系产煤之处，前已详蒙督院题明，檄饬召商开采在案”【《清代抄档》，工部尚书哈达哈等题，乾隆五年（1740）十一月初九】；陕西白水（时隶属同州）“西南两乡有煤井四十眼，挖煤揽煤人工，约计三、五百人”（卢坤：《秦疆治略》，第20页）；河南府巩县“巩邑产煤，开窑凿井，千百为群”（《乾隆巩县志》卷七）。山东煤矿也很多，如峄县开采规模较大，不受官府干涉，出现了拥有巨额资本的煤矿主。据记载，峄县“煤矿最盛，岭阜处处有之。人采取者，任自经理，不复关诸官吏。方乾嘉时，县当午道，商贾辐辏，炭窑时有增置。而漕运数千艘，连樯北上，载煤动数百万石，由是矿业大兴。而县诸大族，若梁氏、崔氏、宋氏以炭故皆起家，与王侯埒富。间以其羡遗诸官吏，是为窑规，风靡金钱无算，然未尝有税也”（《光绪峄县志》卷七）。

以北京门头沟煤矿为例，这里的煤窑资本多采取分股合伙的制度。民窑内部初步具备了资本主义关系，一方面有“自备工本，赴窑开采”的“窑户”，有协助“窑户”管理窑务的“掌柜”和“管账”；另一方面有大批受雇用的“窑夫”以及担任技术指导的“作头”。采出的煤斤作为商品，在市场上自由出售，各煤窑相互之间进行竞争，有时几个煤窑也联合经营。煤窑之间、股东之间订有规章，违者处罚。经过长期发展，出现了焦姓、阎姓等大窑主，到乾隆时就看到大窑主有“垄断”“鲸吞”的现象，并吞了许多小煤窑，资本显示一定程度积累和集中的趋势（参见戴逸主编：《简明清史》第一册，人民出版社1984年版）。

清朝的丝织业较前朝也更加集中，江南地区更加专业化，除了大规模的官营织造以及一些家庭作坊，还出现了以机户为主要特点的手工工场。康熙前期，清政府为了限制民间丝织业工场的发展，规定“机户不得逾百张，张纳税当五十金”。后来江宁织造曹寅奏免额税，民间的织机大大增加，“至道光间，遂有开五六百张机者”。这类丝织业手工工场雇用着大量工人，在一个资本家的指挥下进行生产，“苏城机户，类多雇人工织，机户出（资）经营，机匠计工受值，……至于工价，按件而计，视货物之高下，人工之巧拙为增减”（《江苏省明清以来碑刻资料选集》第6页，《奉各宪永禁机匠叫歇碑记》）。如当时江宁著名的机户李扁担、陈草包、李东阳、焦洪兴等，“咸各四五百张”织机。这些机户，除自行设机督织外，大都以经纬交与织工，各就职工居处，雇匠织造。也有的人自己不开设作坊，只是“散放丝经，给予机户，按绸匹计工资”【《申报》，光绪十二年（1886）二月六日】。由此可见，江南一带的丝织业，除了被织造局控制的一部分外，也有少数带有资本主义性质的工场手工业。有些民间小户，虽然本身资金不多，织机甚少，但为工场手工业的资本所控制，为他们加工订货，成为大作坊的“场外部分”了。

清代绸缎坎肩文物

工场手工业建立在广大的自然经济的基础上，既是它的点缀品，又缓慢地分解着、冲击着封建的经济和政治，成为它的对立物。“在工场手工业中……由许多单个的局部工人组成的社会生产机构是属于资本家的。因此，由各种劳动的结合所产生的生产力也就表现为资本的生产力。”（《马克思恩格斯全集》第二十三卷）工场手工业的进一步扩大发展，必将与封建主义产生严重的冲突，导致封建制度的崩解（参见戴逸主编：《简明清史》第一册，人民出版社1984年版）。

资本雄厚、产量很高、生产规模最大的是云南的铜矿。当时，投资开采铜矿的有来自四方的地主豪商，从事采矿的劳动者，一部分是不领固定工资而按一定比例分取产品的“亲身弟兄”，有比较浓厚的人身依附关系；另一部分则是常年受雇佣的“月活”，有固定工资，保持着人身自由，“按月支给工价，去留随其自便”，这是具有资本主义性质的雇佣劳动。铜矿的生产分工很细，组织严密，生产的基本单位是“硐”，每个硐又分路开采，称为“尖”，负责冶炼的单位是“炉”。“硐”“尖”“炉”集中在一个地区，形成一个大矿厂。矿厂除官府派来的官役以外，场务由场民推举出来的“七长”（客长、课长、炉长、锅头、硐长、镶长、炭长）主持。炉长、锅头都是投资铜矿的商人，而硐长、镶长则是工程技术人员。

云南铜矿规模很大，组织形式较完备，它的发展适应清政府铸造货币的需要，因而得到了清政府的大力扶植。当康熙平定“三藩”、收复云南之后，就鼓励采铜，实行“听民开采”的政策，最初只抽取20%的矿税，后来由于铸币需要大量铜斤，又实行“放本收铜”政策，政府每年拨款银100万两作为预借铜本，发给各厂。各厂所采之铜，由政府收购。由于清政府投入巨额资金，铜矿发展很快，产量迅速上升，最高时年产量达一千数百万斤（参见戴逸主编:《简明清史》第一册，人民出版社1984版）。

清代手工业的恢复与发展带来了产品市场的扩大，有些手工业产品还销往了国外。比如南京的绸缎、景德镇的瓷器等都是在世界各地备受欢迎的传统出口商品。织布业虽然十分分散，但在19世纪前期却也大量出口，质量胜过了当时一些资本主义国家的布匹（参见戴

清·康熙景德镇窑青花草龙三足炉

逸主编:《简明清史》第一册，人民出版社1984年版)。

此外如镇江，在康熙年间，“四方商贾，群萃而错处，转移百物以通有无”。芜湖在嘉庆年间，“附河距麓，舟车之多，货殖之富，殆与州郡埒。今城中，市廛鳞次，百物翔集，文采布帛鱼盐，繦至而辐辏，市声若潮，至夕不得休”。江西景德镇，“列肆受廛，延袤十数里，烟火近十万家，窑户与铺户当十之七；土著十至二三”。湖南郴州，“南通交广，北达湖湘，为往来经商拨运之所。沿河一带设立大店，栈户十数间。客货自北至者，为拨夫、为雇骡；由南而至者为雇舡。他如盐贩运盐而来，广客买麻而去。六七月间收焉，九十月间取茶桐油。行旅客商，络绎不绝。诚楚南一大冲会也”。山东济宁，“百货聚集之地。客商货物必投行家，或时值情滞，岂能悉得现银交易，不得不把货物转发铺户”。河北宣化，“市中贾店鳞比，各有名称。如云南京罗缎铺、苏杭罗缎铺、潞州绸铺、泽州帕铺、临清布帛铺、绒线铺、杂货铺。各行交易铺，沿河长四五里许，贾皆争居之”。厦门“人民商贾，番船辏集，等诸郡县。市井繁华，乡村绣错，不减通都大邑之风”。这些地方已经是商品经济相当发展的中等城市了（参见戴逸主编:《简明清史》第一册，人民出版社1984年版)。

城市工商业的发展，促进了经济作物种植面积的扩大和商品量的提高。康、雍、乾时期，棉花的种植更加盛行。原来与农业牢固结合在一起的“自种、自纺、自织、自用”的家庭手工业，这时由于商品经济的发展，社会分工的扩大，有些地方已经从家庭副业中分离出来，成为一种专门的行业，这就更促进了棉花种植面积的扩大。

种桑养蚕在我国有着十分悠久的历史。到了清代，尤其是在我国的江南一带，蚕桑也一直是我国农业商品生产的一个重要部门。这些棉花、桑蚕、烟叶等经济作物的发展促进了农产品商品化。这些都是工业的原料，大部分要运往城市。……与此同时，手工业产品也要销往农村。这样，城乡物资交流，都必须通过农村集市来集散，于是农村的市镇、庙会以及综合的专业集市、墟市都比以前有所发展。

墟市，是华南地区的农村贸易市场。墟市的含义各地不一：广东东部“墟市并称”，并无差别；广东中部，则市大而墟小，所以“先市后墟”，把市放在前面，墟在后面，称市墟；有些县，如东莞县则相反，大曰墟，小曰市。墟市，是广大农民与商人进行交易的场所。……墟市为广大农民交换柴米油盐、衣食服用等日常生活用品提供了便利。

集市，是北方地区的农村贸易市场。……集和墟相同，都是农村定期进行贸易、时聚时散的场地。

庙会，除了城市中的定期庙会之外，在北方农村还有一种不定期的农贸市场，也叫庙会。农村的庙会是适应交通不便和农业季节性生产的特点而发展起来的一种农村商品交换形式（参见张一农著:《中国商业简史》，中国财经出版社1989年版）。

3.经济政策大调整

乾隆对经济政策的调整主要包括两个方面，一方面是完善一些政策，另一方面是取缔一些政策。

乾隆即位后，对财政政策最重要的调整是多次减免各种农业税。雍正十三年（1735）九月三日，乾隆在即位诏中宣布:“各省民欠钱粮，系十年以上者，着该部查明候旨豁免。”(《清实录·高宗纯皇帝实录》)继而又宣布“将雍正十二年以前各省钱粮实欠在民者，一并宽免”(《清实录·高宗纯皇帝实录》)。同时又批准漕运总督顾琮的奏请，蠲免江南苏州、松江二府浮粮(《清实录·高宗纯皇帝实录》)。明中叶以来，一部分漕粮改征白银，它通常不在蠲免范围之内。但是，乾隆即位当年（1735）十二月就宣布，将雍正十二年（1734）以前未完、待征或缓征本色改折米银，逐一查明，奏闻豁免(《清实录·高宗纯皇帝实录》)。乾隆元年（1736）五月，又下令减轻山东益都“钦租地”税额。原来，康熙八年（1669）清朝下令将前明藩王田产予民佃耕者，改作民产，并与民田一例输银，称为“更名地”，在益都则称作“钦租地”，所纳田赋较其他民粮多一倍至四倍不等。“粮多赋重，小民输纳维艰。”乾隆下令取消“钦租地”名称，照该县上等民地纳税，每大亩纳银2钱1分零，小亩纳银6分4厘零（《清实录·高宗纯皇帝实录》）。

雍正年间，清朝曾实行耗羡归公制度。耗羡本是一种田赋附加税，一种用以弥补田赋损失的费用。乾隆即位以后，立刻下令要求严格控制耗羡的征收标准。他说：“惟是提解耗羡之法，行之已十有余年，恐日久弊生，奸吏夤缘朘削，羡外加耗，重困闾阎，不可不为深虑。著各该督抚严饬有司，咸体朕意，知耗羡一项，可减而决不可增，可予格外从宽，而断不可于额外多索。”（《清实录·高宗纯皇帝实录》）

雍正年间，清朝实行摊丁入地制度，将丁银，亦即人头税，摊入税粮中征收。这是中国封建社会中经济制度的重大改革。但是，终雍正一朝，摊丁入地的改革并未在全国范围内完成。乾隆继续执行。雍正七年（1729）湖北实行摊丁入地，每地赋银1两，加征丁银1钱2分9厘余。但江夏等19州尚有所谓“重丁银”8308两未曾摊入地赋。乾隆元年（1736）十月，乾隆降谕将它全部豁免（《清实录·高宗纯皇帝实录》；

《清文献通考·户口考》)。雍正年间，福建实行摊丁入地，每地赋银1两摊入丁银5分2厘7毫至3钱1分2厘零不等。但龙岩州所属宁洋县、福宁府所属寿宁县，因地粮少而丁银额重，未曾实施。乾隆二年（1737）遂降旨将上述两县丁银，按全省中则丁银计算，每丁只征2钱，其余豁免，从而解决了这两县摊丁入地中遇到的难题。不仅如此，乾隆元年（1736），福建还查出通省共有缺额田地54000余亩。乾隆下令将这些缺额田的田赋以及摊入的丁银全部豁免。其他如延平府南平县、漳州府平和县、汀州府清流县等地的丁银，都减额摊入田赋（《清实录·高宗纯皇帝实录》、《清文献通考·户口考》)。福建省属台湾府丁银，每丁原征4钱7分，加上火耗，重达5钱，比大陆其他省份每丁征银1—8钱，要多出许多。乾隆于乾隆元年（1736）下令，将台湾府丁银“悉照内地之例酌中减则，每丁征银二钱”（《清实录·高宗纯皇帝实录》)。乾隆十二年（1747），又决定将台湾府丁银全部匀入官庄园内征收（《清文献通考·户口考》)，这是对台湾私人地主的照顾性政策。

乾隆帝取消了一些不合理的税收。例如雍正十三年（1735）十月，乾隆皇帝刚刚登基便取消了存在于乡镇村落中的“落地税”：“朕闻各省地方，于关税杂税之外，更有落地税之名。凡耰锄、箕帚、薪炭，鱼虾、蔬菜之属，其值无几，必查明上税，方许交易。

且贩自东市，既已纳课，货子西市，又复重征。至于乡村僻远之地，有司耳目所不及，或差胥役征收，或令牙行总缴，其交官者甚微，不过饱奸民猾吏之私橐，而细民已重受其扰矣。著通行内外各省，凡市集落地税，其在府州县城内，人烟辏集，贸易众多，且官员易于稽查者，照例征收，但不许额外苛索，亦不许重复征收。若在乡镇村落，则全行禁革。”（《清实录·高宗纯皇帝实录》）

山东泰山碧霞灵应宫香火旺盛，进香者须先到泰州衙门缴纳香税，每名纳银1钱4分。雍正十三年（1735）十一月，乾隆降旨永行蠲除。此外，他还下令免除江南等省芦课、学租、杂税等。从清初以来，福建渔艇，每年应向提督衙门交“规礼银”。乾隆二年（1737），乾隆颁谕永行禁革。同年，他批准广东巡抚杨永斌奏请，裁革粤东冗税，包括海阳县“杉饷”，揭阳县粪、牛骨、皮碎、农具、棉条等杂税，广州通桥税口的几种小税，还取消揭阳县并肇庆等四府州所规定加征税条款382条，批准裁革广西桂林等地鱼税、糖油税、生牛猪税和墟市小税（《清实录·高宗纯皇帝实录》）。

雍正年间，清政府曾大力倡导垦荒，虽取得很大成就，但也有不少地方官弄虚作假，以少报多，以熟田报作垦荒地。特别是田文镜、王士俊相继任河南巡抚时，将报垦数作为地方官考绩标准，报多超迁，报少申饬，搞得民怨沸腾。乾隆即位后，下令禁止虚报开垦，要求地方官详加核实。不久，大学士朱轼上疏要求停止丈地与报垦。他揭露各地报垦弊端：

> 四川丈量，多就熟增加钱粮。广西报部垦田，其实多系虚无。因请通行丈量，冀求熟田弓口之余，以补报垦无著之数。大行皇帝洞烛其弊，饬停止丈量，而前此虚报升科，入册输粮，小民不免苦累。河南报垦亦多不实。……请停止丈量，饬禁首报（《清史稿·朱轼传》）。

乾隆批准了朱轼的建议，指令迅速执行。

乾隆继位后，曾宣布将雍正十二年（1734）以前各省拖欠钱粮，悉行宽免。这有利于业主，佃户未得实惠。为此，雍正十三年（1735）十二月，乾隆又降谕劝减佃租：

> 蠲免之典，大概业户邀恩居多，彼无业贫民，终岁勤动，按户输粮，未被国家之恩泽，尚非公溥之仪。若欲照所蠲之数，履亩除租，绳以官法，则势有不能，徒滋纷扰，然业户受朕惠者，十苟捐其五，以分惠佃户，亦未为不可。……其令所在有司，善为劝谕各业户，酌量减彼佃户之租，不必限定分数……其不愿者听之，亦不得勉强从事。……若彼刁顽佃户，借此观望迁延，则

仍治以抗租之罪（《清实录·高宗纯皇帝实录》）。

清初以来，各地佃农的抗租斗争持续不断。乾隆的劝减佃租谕，旨在缓和佃农与地主间的矛盾。但是，早在康熙四十九年（1710），清朝已规定，“嗣后凡遇蠲免，业主免7分，佃户免8分，永著为令”（《清实录·高宗纯皇帝实录》）。而乾隆诏谕的基点是“劝”字，劝说地主在免赋的情况下酌减田租，官府不得硬性规定佃户免租分数，不愿减租者不得勉强从事，较之康熙减租谕，在租佃关系上是一个倒退。

八品顶戴花翎上的顶珠

雍正二年（1724），清朝颁行老农顶戴制度，每年从每乡选择一两个勤劳俭朴又没有过失的老农，授予八品顶戴，此又称老农总吏之例。雍正七年（1729）改为三年评选一次。雍正创建这一制度，意在奖励稼穑，但执行过程中，“乃各州县中往往有似农非农之辈，觊觎钻谋，恃职不法”，给了乡村恶霸、地痞弄权肆虐又一可乘之机。乾隆元年（1736）

七月，皇帝批准吏部议决，取消老农顶戴制度（《清实录·高宗纯皇帝实录》）。

雍正年间，为了解决贫困旗人的生计问题，清朝在京南的固安、新城、霸州、永清设立井田实验区，拨官田200多顷，派京城内16岁以上、60岁以下没有产业的旗人前往耕种。井田区仿照孟轲所描绘的古代井田制度，耕者每户授私田100亩，公田12.5亩，另给12.5亩作为室庐场圃之用。私田收获归各户耕作者，公田是8家共耕100亩，前8年免征，后3年收获归公。每户还发给白银50两，用来购买耕牛、农具、种子等。但是，愿往井田区的旗人为数不多。雍正五年（1727）清朝下令，将那些无业而又游手好闲的旗人，及犯有应受枷号鞭责处罚罪的革退八旗官兵，强迫发往井田区。《八旗通志》载：

> 设立井田试行十年以来，所以承种一百八十户，缘事咨回者，已有九十余户，循环顶补。而八旗咨往种地者，大都游手无艺不能当差之人，到井田后，仍不能服田力穑，行之未见成效（《八旗通志》卷六十七）。

井田试验未见成效，原因固然是耕种者本多系游手好闲之人，但更主要的是，这种以劳役地租为剥削形式的农奴制是历史的倒退。因此，乾隆元年（1736）

十一月，经乾隆批准取消井田区，改作屯田，令耕种者按亩缴纳屯粮（《清实录·高宗纯皇帝实录》）。

乾隆与乃祖乃父一样，十分重视水利建设，继位之后，几次动用国库抢修重大工程。

自宋代经济重心南移之后，江浙农业生产，无论是对人民生活，抑或对国家财政收入来说，都是举足轻重的。浙江从仁和县（治所今杭州市）之乌龙庙至江苏松江金山沿海，以及江苏金山至宝山沿海，经常遭海潮袭击，人民的生活和生产受到严重威胁。自汉代以来，沿海人民就开始筑海塘以御海潮，历唐、宋、元、明又修建不断。雍正年间，为了修补被海潮冲决的海塘，也曾派朱轼前往江浙查勘并主持海塘修建，但仅仅修筑了坍烂部分。这些海塘坍了修，修后又坍，总未得到根本治理。雍正十三年（1735）六月，海潮再次冲决海塘。八月，雍正去世，乾隆召朱轼还京办事，改派大学士嵇曾筠总理江南总河浙江海塘工程，继而兼浙江总督。

嵇曾筠主持过黄河修治，对修筑水利工程有丰富经验。他赴任后，首先抢修被冲决海塘，解除灾患。乾隆元年（1736）正月，他上疏报告："旧塘工程，抢筑已多，春汛江海水势安稳"（《清实录·高宗纯皇帝实录》）。进而又在海宁城南筑石塘500丈，办法是，先用密签长椿，再平铺1尺厚2寸宽条石，外纵内横，略仿坡陀形，外表状如鱼鳞，故称鱼鳞石塘。为使石塘牢固，巨石之间灌以米汁灰浆，扣以铁钉、铁锔。筑塘所用土方，以往是就近挖取，从而在塘根附近，形成洼下河渠，致使海塘容易崩坍。嵇曾筠明令严禁在离塘身30丈之内取土。接着，嵇曾筠又奏请于仁和、海宁建鱼鳞石塘6000余丈，第二年再请筑从海宁浦儿兜至尖山头鱼鳞大石塘5900丈（《清实录·高宗纯皇帝实录》）。乾隆三年（1738）九月，海塘工程告一段落，乾隆颁谕祭海神：

> 浙江海塘工程，为杭嘉湖苏常镇七郡生民之保障，前因潮溜北徙，冲刷堪虞，朕即位之初，特简大臣，殚心区划，河神明默佑，沙涂日广，急溜潜移，工作易施，朕心慰庆，百姓欢呼，理应恭祭海神，以昭灵贶（《清实录·高宗纯皇帝实录》）。

后乾隆调嵇曾筠进京入阁办事，并主持永定河水利工程。但嵇曾筠却积劳成疾，不久逝于病榻。为了表彰嵇曾筠，乾隆十一年（1746），乾隆颁诏将他与康熙、雍正时期的治水功臣一样，入祀浙江贤良祠。

继嵇曾筠之后，浙江巡抚卢焯奏请在海宁尖山跨海筑坝，江苏巡抚徐士林奏请筑宝山县杨家嘴海塘。乾隆一一批准（《清实录·高宗纯皇帝实录》）。

乾隆元年（1736）四月，黄河水猛涨，由砀山毛城铺汹涌南下，冲坍申公堤、祝家水口、潘家道口等一带，平地水深三尺，麦田受淹，房屋倒塌。乾隆提出以疏通下流为重点的治河设想。他说：

> 此水下流，多在江南萧、宿、灵、虹、睢宁、五河等州县。今若止议挑浚上源，而无疏通下流之策，则水无归宿之区，仍于河渠无所裨益（《清实录·高宗纯皇帝实录》）。

他还指令河南巡抚富德，会同江南总河等会勘明确，共同商议出治理方案。江南河道总督高斌建议，毛城铺减水石坝、萧县天然减水坝和睢宁县峰山四个减水闸，皆年久失修，水发为患，应疏浚毛城铺以下河道，经徐、萧、睢、宿、灵、虹至泗州安河徒门，迂直600余里，以达洪泽湖，利用洪泽湖进行蓄泄，再出清口与黄河交汇，而后东注入海。为了平衡上下游流量，防止黄河倒灌，保持洪泽湖蓄水量，高斌还建议疏浚清口，并于霜降水落之后，将清口西坝增长10—20丈，秋季水涨将清口东坝拓宽1—2丈。高斌的治河方案得到乾隆的赞赏，但淮扬籍京官御史夏之芳等连名上疏反对。他们认为，开凿毛城铺引河，黄河必将夹沙入洪泽湖，洪泽湖难以承受，必危及高堰，从而造成黄河灌入运河，关系到淮扬民生的运河，将遭受损害。乾隆将夏之芳等人的意见，交付高斌等讨论。乾隆二年（1737）三月，高斌会同新任户部尚书赵宏恩进京向乾隆面奏，并进呈治河图，说明毛城铺减水坝是康熙十七年（1678）靳辅所建，现在的工程仅仅是坝下旧河量加挑浚，并非开坝，况水流经600里迂回曲折，入洪泽湖时已澄清，不存在挟沙入湖之害（《清史稿·高斌传》）。乾隆肯定了高斌等的意见，将夏之芳等以阻挠之过失，交部察议。乾隆三年（1738），疏浚河道工程完成。第二年，黄河果然灌入运河。议者认为，这是高斌将运河口上移70余丈，直对清口造成的。乾隆命大学士鄂尔泰驰勘。鄂尔泰察看后认为，新口外挑水坝太短，应该加长，另外还建议，以宋代陈尧佐创造的木龙法可以解决黄河倒灌问题。结果，此法可行，颇见成效（《清实录·高宗纯皇帝实录》）。

乾隆继位后不久，还治理了永定河，疏浚了浙江杭州、湖州水利等。

与传统的轻商思想不同，乾隆有明确的恤商观点。他说："商众即吾民者，朕心岂有歧视"（《清实录·高宗纯皇帝实录》）。对于商人在商品流通中的作用，乾隆是有认识的。他说："至于商贾，阜通货贿，未尝无益于人"（《清实录·高宗纯皇帝实录》）。正是从恤商思想出发，乾隆有针对性地采取措施，保护商业资本。

雍正十三年（1735）十二月，有人上奏要在江南免征田赋耗羡，而增加关税，以关税的一部分作为官吏的养廉银。乾隆阅后责备说："独不思商贾亦吾民乎！近来大以税重为苦，伊等不当蒙宽减之恩耶！汝有司榷之责，但当以清弊恤商为本，不当为越位之谋。"(《清实录·高宗纯皇帝实录》）这一年冬天，因西北用兵，将2万石军粮包给商人领运，并发给了商人1万石运价。乾隆元年（1736），清朝从西北撤兵，原定运往的军粮已不再需要了。主管此事的官员严令商人限期退款，以致"众怨沸腾，深为苦累"。乾隆认为，这种做法"甚不妥协，大非朕体恤商贾之意"，下令"著宽其限制，令商人徐徐还缴"(《清实录·高宗纯皇帝实录》)。

乾隆还严禁官府对合法商人进行盘剥勒索，一经发觉，严惩不贷。淮关监督年希尧在徐州所属四县，私自添设税口，不仅差遣家人郑三等横征生事，而且还向买卖人勒索"票钱""饭钱"，"甚至民间收获粮食棉花，并市集零星买卖极细微之物，如鱼虾等类，亦勒令上税"。乾隆知道后，降旨严拿究审年希尧、郑三(《清实录·高宗纯皇帝实录》)。河南地方官榨取城乡百姓的种种花招中，有一勒索商人伎俩——"买办"。"如买办米、薪、布、帛各项什物，不问时值，止给官价，亏短实多"，商贾深受其害。河南巡抚雅尔图奏请次第禁革。乾隆对此甚是高兴，批道："所办甚属妥协，须行之以实。"(《清实录·高宗纯皇帝实录》）官府控制的牙行，经常垄断市场，抽分利息，扰累商人。所以，牙行愈多，商人受害愈烈。乾隆四年（1739），江苏各地纷纷报请增设牙行，有的县欲增数十个以至100余个。乾隆降旨严禁，他说："江苏如此，各省亦必皆然。著户部通行各省督抚，转饬布政使，将圣旨出示晓谕。今后除新开集场应设牙行须由府州核实详司报准外，如非新开集场，不许加增，否则唯各督抚藩司是问。"(《清实录·高宗纯皇帝实录》)

乾隆对商人的正当贸易采取保护政策，对非法经商则严厉打击。乾隆三年（1738），北京因受干旱影响，米价昂贵，官府减价粜米，以济贫民。但是奸商潘七等囤积居奇，结果被逮捕严惩(《清实录·高宗纯皇帝实录》)。广东盐运使陈鸿熙在管理盐务期间，"巧取营私，无利不搜"。盐商缴饷后，本应随即发给盐引（取盐凭证），陈鸿熙收了银却不给盐引，名曰"挂饷"。商人销售盐后交来的税款，他也不上缴国库，名曰"挂价"。挂饷、挂价得来的银两，陈鸿熙拿去经商，待获利之后，才归还原款，"余利婪收入已"，是个典型的封建"官倒"。乾隆知道后将他革职拿问(《清实录·高宗纯皇帝实录》)。

雍正十三年（1735）十一月，乾隆降谕甄别僧尼道士。他说："多一僧道，即少一农民。若辈不惟不耕而食，不惟不织而衣，且食必精良，衣必细美，计农夫三人耕，尚不足供一僧道食。”（《清实录·高宗纯皇帝实录》）因而要求各州县“按籍稽查，除在名山古刹或城居而愿受度牒，遵守戒律，闭户清修者，其余房头应付和尚、火居道士等，皆集众面问，愿还俗者听之。”（《清实录·高宗纯皇帝实录》）通过此次甄别，据礼部统计，各省颁给僧道度牒共30余万张，领有度牒的僧道，每人准收徒弟一名，师徒合计约60万人。

乾隆知道“民间家计稍裕者，每遇婚丧，侈靡过分”。办丧事的甚至召集亲朋邻族，开筵剧饮，谓之“闹丧”。停丧时还连日演戏，出殡时沿途扮演杂剧。乾隆以为此有关风俗人心，不可不严行禁止，违者按律究处（《清实录·高宗纯皇帝实录》）。这对于扭转民间陋俗有积极意义。

契尾作为政府颁发的田宅买卖纳税凭证，从元代以来已逐渐流行于许多地区。雍正时，田文镜巡抚河南，创立了契纸、契根制度，这对于确认产权，减少财产纠纷有一定作用。但在执行过程，官吏不免趁机勒索。雍正十三年（1735）十一月，乾隆降谕禁止实行契纸契根制度：

> 民间买卖田房，例应买主输税交官，官用印信钤盖契纸，所以杜奸民捏造文券之弊，原非为增课而牟其利也。后经田文镜创为契纸契根之法，予用布政司印信，

发给州县，行之既久，书吏夤缘为奸，需索之费数十倍于前，徒饱胥吏之橐，甚为闾阎之累，不可不严行禁止。嗣后民间买卖田房，著仍照旧例，自行立契，按则纳税，地方官不得额外多取丝毫，将契纸契根之法永行禁止。至于活契典业者，乃民间一时借贷银钱，原不在买卖纳税之例，嗣后听其自便，不必投契用印，收取税银（《清实录·高宗纯皇帝实录》）。

但是，在土地买卖日益频繁的情况下，人们所获得土地所有权仍希望能得到政府的认可，取得法律保证，因此，契尾或称契根，在实际生活中难以废除。乾隆元年（1736），广东巡抚杨永斌奏：

"……今契纸既已革除，而契尾尚未复设。臣思契尾之例，系投契之时，官为印给，不同契纸第由民间价买致有滋扰可比，似应仍请复设，照依旧例，由布政使编给各属，令地方官粘连民契之后，钤印给发……"（《清文献通考》卷三十一《征榷》六《杂征敛》）

杨永斌奏请，经王大臣会同户部议奏，报请乾隆批准执行。降至乾隆十二年（1747），乾隆获悉四川省在办理田房税契时，对于小数额的土地交易，地方官公然侵吞税款，不给契尾，于是颁谕说：

向来民间买卖（田房），例由布政司颁发契尾，与业户收执为据，不惟杜隐漏之弊，亦所以息争讼之端，岂可以任不肖之员，侵欺舞弊（《清实录·高宗纯皇帝实录》）？

他责令四川巡抚纪山查办此类案件。乾隆本来反对契尾之制，如今转而维护契尾的合法性。

乾隆对乃父政治经济政策的调整触犯了一些人的利益，引起了他们的不满，四川巡抚王士俊就是其中代表。前面说过，雍正时，王士俊巡抚河南，督促各地报垦，弄虚作假。乾隆即位后将他调任，垦荒政策也被否定了，王士俊对此心怀不满。乾隆元年（1736）七月，他密折陈奏四事，其中第一条说，近日百官条陈，“惟在翻驳前案，甚有对众扬言，只须将世宗时事翻案，即系好条陈。传之天下，甚骇听闻”。乾隆阅后勃然大怒，认为“指群臣翻案，是即谓朕翻案矣”。雍正去世以来，乾隆处处以“纯孝”的面目出现。他对乃父政策的调整，总是打着“皇考”的旗号干的。如今有人公然说朝廷上下“惟在翻驳前案”，这无疑是攻击乾隆有悖封建礼教，乾隆当然要恼羞成怒，斥王士俊讲的是“大悖天理之言”。七月二十九日，乾隆在养心殿召见总理王大臣九卿等，说明他为什么要对某些政治经济政策进行调整，遂下令逮捕严审王士俊。法司拟斩立决，乾隆改为斩监候，秋后处决。乾隆对“翻案”论的批驳以及对王士俊的处理，反映了他锐意进取的精神和决心，也为他政治经济政策的调整扫除了舆论障碍（参见唐文基、罗庆泗著《乾隆传》，人民出版社1994年版）。

延伸阅读

乾隆时期的军机处与秘密奏折制度

为了达到朝纲独揽的目的，乾隆在管理国家的方法上恢复了军机处，并坚持秘密奏折制度。这两种办法可以说是乾隆驾驭国家的两根缰绳。

即位之初，乾隆把军机处的设置当成前朝劣政予以撤销，由总理事务王大臣处理国家政务。但是这些大臣或为亲王，或为重臣，都是雍正时代军机处的旧人。乾隆明白这些王公大臣久居要津，形成权力网络，久而久之难以操纵，会对皇权构成威胁。促使乾隆恢复军机处的另一个原因是处理国家要务。皇帝每天要阅览、处理大量奏折，如果依靠总理事务王大臣，又怕大权旁落，因此迫切需要一个能够贯彻自己意旨、高效率的工作幕僚，所以乾隆二年（1737），他就撤销总理事务处，恢复军机处。在控制臣僚方面，乾隆丝毫不比雍正逊色，他把宗室成员如允禄、允礼、福彭等人排斥在军机处外。为了保证满族权贵在政权中的主导地位，又规定首席军机大臣必须是满人；为了确保军机处能够忠实贯彻自己的旨意，规定军机大臣可以不问资历，提拔亲信。乾隆十年（1745）以后，乾隆把皇贵妃高佳氏之弟傅恒安置在军机处。而且，一改雍正朝军机大臣不超过三人的惯例，遴选六位军机大臣，分割军机大臣的职事和权限。乾隆十分注意健全军机处的各种制度，对军机处大印管理极严。大印由奏事处的夸兰达太监收存，由军机处值班军机章京以镌有“军机处”的金钥匙开启。为安全起见，军机处只选15岁以下不识字的少年听差，出入不得自由，不许人探视，并派御史往来稽查。若有违反规定者或探听情报者，均处以重罚（参见白寿彝主编:《中国通史》，上海人民出版社1989年版）。

军机处的设立提高了办事效率。过去公文的处理要经内阁和王大臣许多环节，设立军机处后皇帝的命令直接由军机处发出，下边的公文和密折也可由军机处直接送到皇帝手上。

重建军机处后，乾隆通过各种方式，削弱了中央和地方机关的权力，把这些权力集中于军机处。军机处帮助皇帝撰写上谕，处理奏折，审核内阁及翰林院所拟的诏旨，议论大政方针，为皇帝准备政事参考资料，参与科举考试，奉派出京查办事件，陪同皇帝出巡，记录和积累有关档案事务性工作，等等。另外，还对中央到地方各级官员的任免提出建议。这样军机处成了辅佐皇帝亲自行使强权的常设机构，成了全国的政事中枢，权力在内阁之上。但是从军机大臣到军机章京都是兼职的。军机处不过是个皇上的秘书幕僚而已。军机处权力的扩大实质上是皇权的扩大，所以恢复军机处不但将传统的议政王大臣会议的权力剥夺殆尽，使之名存实亡，而且也使内阁无权干预内政，形同虚设。

再说秘密奏折制度。这一制度始于顺治年间，规定写奏折的人可以直接与皇帝本人秘密联系。这与题本、奏本先由通政使司上达，又经内阁大臣票拟（或称签拟），再由皇帝裁断的程序截然有别。密折直达御前，并由皇帝批阅，这使皇帝能直接而及时地了解情况，做出决策。由于保密、举荐、参劾都是秘密进行的，对各级官员都有威慑作用，他们害怕被秘密弹劾，不得不自我约束，勤谨效忠。

初登帝位的乾隆没有心腹股肱之臣，肃立殿前的都是些谦恭而陌生的面孔，年轻的皇帝如何才能驾驭这些久经政治风雨的老臣呢？深居宫中的皇帝如何才能周知庶务，通达下情呢？乾隆在即位的第三天，就毫不犹豫地恢复“密折制度”。他规定“若有密封陈奏事件，仍令本人自行交奏”，“其从前何等官员准其奏事，或有特旨令其奏事者，俱着照前折奏”。他下令扩大折奏言事官员的范围：“于大臣九卿科道外，并准部属参领及翰林等俱得奏折言事，以收明目达聪之效。”

为了加强奏折的保密程度，乾隆还采取了一些办法：一是坚持满族官员奏事用满文，而不用汉文；二是严禁将奏折中皇帝的批语引入具题本章上；三是不准具折人将具奏内容和皇帝的批语泄露出去；四是为防奏折呈送途中泄密，把奏折放在一个匣子里面，那匣子只有具折人与皇帝才能开启。

乾隆批阅奏折非常认真，凡属机密不发的密折，他往往亲自缄封，有的索性记在心中，把原件烧毁。折奏制度对于强化皇权，巩固其统治地位起了至关重要的作用。乾隆十三年（1748）以后，随着奏本文书的废止，密折的作用更加突出，官员如有机密政务，往往先以密折形式报告皇帝，待得到皇帝的意图后，再以题本的形式向中央政府有关部门具奏。这时的具奏只是为了完成最后的批准手续而已。可见秘密奏折制度保证了皇帝独揽大权。历史上宰相擅权、母后专政、外戚篡权、宦官横行、大臣朋党等现象在清前朝的200年间不复存在的原因是与朝纲独揽的统治术密切相关的。

三、恩威并施：博采众长整吏治

1.频繁巡幸，马上朝廷

乾隆时期，清朝疆域辽阔，东至台湾琉球群岛，西至帕米尔高原，南至南海诸岛，北至外兴安岭。为了“察民瘼，备边防，合内外之心，成巩固之业”（《皇朝文献通考》），作为勤政的一种主要方式，乾隆进行了频繁的巡幸活动。据统计，从他即位至其去世前，各种巡幸活动153次，其中谒拜东、西两陵及关外三陵66次，巡幸避暑山庄及木兰秋狝52次，巡幸明陵、盘山及天津等畿甸地区14次，东巡曲阜拜孔8次（3次途经），南巡江浙6次，西巡五台6

次，巡幸中州1次。这些频繁的巡幸活动，不但在清代帝王中绝无仅有，而且在两千多年的中国历代帝王中也极为罕见，难怪当时人们说，乾隆朝是“一日不肯留京”的“马上朝廷”！

在频繁的巡幸活动中，对当时政治发挥过较大作用的是巡幸避暑山庄、木兰秋狝、盛京谒陵和六下江南几种巡幸活动。

避暑山庄

巡幸避暑山庄和木兰秋狝始于乾隆六年（1741）。除乾隆十五年（1750）以前偶有间断和乾隆四十二年（1777）、四十三年（1778）因其母孝圣宪皇后去世未曾举行之外，基本上是每年一次，夏至秋返，每次一般都在两个月以上，有时还长达三五个月。因而，尽管其巡幸次数不如谒陵次数多，但其巡幸时间却远远超过包括谒陵在内的各种巡幸活动。以其每次巡幸避暑山庄和木兰秋狝的时间按两个半月计算，52次巡幸，总计时间当在10年以上，相当于乾隆秉政全部年代的1/6。因而，乾隆时期，避暑山庄成了清朝政府的第二个政治中心，在国家政治生活中发挥了极为重要的作用。首先是在巩固国家统一、团结少数民族方面起了重要的作用。入关以后，清朝统治者根据多数蒙古人未曾出痘，“以进塞为惧”而“延颈举踵，以望六御之临”（乾隆御制《〈避暑山庄百韵诗〉序》）的情况，借出塞秋狝之机接见各部蒙古王公，举行宴会，赏赐银两，调解各部蒙古王公之间的争端，从而使中央政府与蒙古各部之间的联系不断加强。康熙时期，随着清朝统治的进一步巩固，铲除准噶尔地方割据政权提上议事日程；与此同时，各部喀尔喀蒙古率众内附，需要处理的蒙古事务空前增多。为此，康熙除多次举行木兰秋狝之外，还从康熙四十二年（1703）始，兴建避暑山庄。这样，巡幸避暑山庄和木兰秋狝在国家政治生活中的地位日益重要。

乾隆即位后，又先后进行了平定准噶尔叛乱和回疆叛乱的战争，中央政府直接控制的版图空前扩大，民族事务更加增多。因此，巡幸避暑山庄和木兰秋狝又于原来联络蒙古各部王公之外，在联络藏族、回族和青海蒙古上层僧俗人士方面发挥了重要的作用。为适应这一形势，乾隆二十年（1755）后，乾隆对避暑山庄又大事营建。与此同时，该地的政治活动也空前增多。除接见各族王公、贵族，封赐爵号、赏赐缎匹银两、举行宴会之外，规划各次平叛战争、接见各部投顺人员也都无不在避暑山庄进行。例如乾隆二十年（1755）平定达瓦齐叛乱后，厄鲁特各部台吉、宰桑之入觐；乾隆二十四年（1759）回疆叛乱平定后，回部各部伯克之入觐；乾隆四十五年（1780），西藏宗教领袖班禅六世及内蒙古、外蒙古、厄鲁特、青海蒙古各部之祝贺乾隆七十寿辰；乾隆四十六年（1781）、五十五年（1790）、六十年（1795），喀尔喀蒙古宗教领袖哲布尊丹巴呼图克图和蒙古广大僧俗贵族入觐等。与此同时，其他各族上层贵族、头人前来山庄入觐、扈从秋狝者也络绎不绝。

因为需要处理的事务太多，有时，乾隆还于一年之内两幸山庄。例如乾隆十九年（1754）东巡盛京，为了接见前来归附的准噶尔台吉三车凌等，乾隆特地提前动身，绕道避暑山庄驻跸两月之后才前赴盛京。但在东巡途中，又得知辉特部台吉阿睦尔撒纳率部归附的消息，故于当年十月赶回北京不几天，再赴避暑山庄接受阿睦尔撒纳等归附人员的觐见，并商讨进兵事宜。

乾隆巡幸避暑山庄和木兰秋狝，首先对国内各民族的团结和统一发挥了重要的作用。其次，在讲习武备、保持八旗军队强大的战斗力方面，木兰秋狝也起了重要作用。乾隆时期，和平日久，八旗子弟大多耽于安乐，不知以讲武习劳为务。为了扭转这种颓废习气，地处关塞之外，“义重习武，不重崇文”的木兰围场便成了演习武备的一个绝好场所。每届秋狝季节，乾隆总是亲自带领八旗子弟行围校猎，并时时以学习国语、熟练骑射、操演技勇谆切训诲。在行围校猎时，对于其中骑射优秀者，皆选充前锋、护军、前锋校、护军校等，提高月饷；对于不习骑射或畏缩不前者，则削爵革职有差。这样，在他的大力倡率下，满洲贵族和八旗军队中的颓废习气都有所扭转，对于乾隆前期政治较为健康发展及平定边疆少数民族上层叛乱战争的胜利，都起了一定的积极作用（参见高王凌

乾隆狩猎图

著:《马上朝廷》, 经济科学出版社2013年版)。

在乾隆的各种巡幸活动中，东巡出关谒陵也是一个重要内容。东北是清朝先世发祥之地。入关以后，迁都北京，清朝统治中心南移，盛京降为陪都。但是因其地处边防，兼之在清朝政府进行的历次内外战争中，盛京、吉林、黑龙江等地又一直源源不断地输送作战骁勇的士兵，因而历代清朝统治者对于陪都盛京和整个东北地区仍然极为重视。为此，康熙曾3次出关谒陵。乾隆即位时，清朝统治者已有四十来年未行出关谒陵之典。为了进一步加强对东北地区的控制，再次东巡势在必行。与此同时，由于和平日久，各级王公、贝勒皆耽于安乐，轻视故都而惮于远行。为了对这些贵族子弟进行现场传统教育，以使他们处尊位而常缅前劳，兢兢业业，永保勿坠大清江山，从乾隆八年至四十八年(1743—1783)，乾隆先后进行了4次出关谒陵活动。为了表示对努尔哈赤和皇太极这两代开国皇帝的崇敬和怀念之情，每次东巡，他都异常虔诚地举行隆重、盛大的谒陵大典。并对葬在盛京的一些开国功臣的坟墓也亲自临奠赐祭。除此之外，乾隆还借出关谒陵之机对边防军备普加视察、对当地贵族和士民官吏普行加恩。每次东巡，均免除奉天全境历年积欠和次年官庄、民田正额地丁钱粮，在职官员普加一级，因公诖误而受到处分者概予宽免。对于留居盛京的宗室、觉罗和外戚、姨舅子孙，乾隆也存恤备至。除各自赏赐银两、缎匹之外，还于驻跸盛京期间频举大宴。宴会上，随来王公大臣、扈从人员、盛京将军以及现任、休致人员、闲散宗室、觉罗和守护陵寝的姨舅、外戚子孙、耆老等概令参加，观看戏剧节目，开怀畅饮。“白金以级颁，百戏良具陈；酌酒劝尔饮，尔醉我亦欣；还念尔先民，曾同百战勋。”宴会后，又赏赐诗篇，讲武比射，活动一个接着一个。几天之中，整个盛京城沉浸在节日气氛之中。东北是边陲重地，在当时的国家政治生活中发挥着重要的作用。因而，乾隆东巡谒陵，对于巩固东北边防、团结当地满洲贵族、百姓并进而加强其对全国的统治都有着重要的意义。有鉴于此，乾隆四十三年（1778）第三次出关谒陵时通谕中外，将东巡谒陵作为定制，令后代子孙世世遵守。在这道谕旨中，他还规定，如果后世子孙“欲莅陪京，而其时无识之臣工，妄以人主当端处京城、综理庶政，不宜轻出关外”，“此即我朝之乱臣贼子”，“当律以悖命之罪诛之无赦”，表现了他对出关谒陵的高度重视。

和巡幸避暑山庄、木兰秋狝、东巡谒陵同样重要的就是南巡。乾隆的祖父康熙曾六下江南。从乾隆十六年至四十九年（1751—1784），乾隆也对江浙地区进行了6次巡幸。江南地区物产丰富，为全国财赋重地，历代清朝统治者对之向表重视，这当是百年之间祖孙两代皇帝频繁巡幸的共同原因。除此之外，乾隆南巡还有其具体的历史原因。乾隆初年，由于封建专制统治的不断加强，清朝中央政府和江南士绅之间的关系一度相当紧张。首先，在政治上，乾隆一度采取措施扩大八旗仕途，还以整顿科举弊端为借口，减少内地各省府州县学生名额，限制汉族知识分子入仕。所有这些，都使以“人文渊薮”而著称的江南士绅的政治权益受到了严重的伤害。其次，在经济上，针对江南大户历年赋税积欠相当严重的情况，乾隆十二年（1747）下令加以清厘，也在很大程度上伤害了他们的物质利益。为了保持他们的政治权益，乾隆七、八年（1742、1743）间，六科给事中杨二酉、御史杭世骏等先后上疏，对乾隆侵犯汉族地主阶级权益的内满外汉政策进行了尖锐的批评。乾隆十五、十六年（1750、1751）间，又有人炮制了“伪孙嘉淦奏疏稿”在社会上广泛流传。其中开列“五不可解，十大过”，将抨击的矛头直接指向了乾隆。该奏疏稿虽然未必一定是出自江南士人之手，但是，伪奏疏稿在江南地区的广泛流传则无疑说明，其有关内容在江南士绅中产生了共鸣。在经济上，他们也凭借人多势众和盘根错节的各种关系网，百般阻挠和破坏清理积欠活动的开展。或者完旧欠新，或者新、旧并欠，使得中央政府一直处于相当被动的局面。对此，乾隆一方面袭用其父雍正故技，以江南士人为重点，大兴文字狱，进行残酷镇压；另一方面又效法乃祖康熙，再次南巡并借南巡之机采取一些让步措施，对江南士绅普加笼络，从而进一步巩固自己的专制统治。乾隆采取的让步措施概括来说有四种：

其一是蠲免积欠。南巡之前，中央政府和江南士绅之间关系紧张的主要症结是积欠情况严重。为了消除江南绅衿的不满情绪并争取他们的支持，首次南巡，乾隆即下令豁免乾隆元年（1736）以来江苏积欠地丁228万余两，安徽积欠地丁35万余两。浙江一省虽无积欠，也蠲除本年应征地丁钱粮30万两以示嘉奖。随着国家财政情况的不断好转，以后历次南巡，乾隆也都蠲免积欠，其6次南巡，共免除经过州县逋负钱粮2000多万两。其二是重视文教，扩大学额。乾隆九年（1744）清厘科举弊端，全国各省进学人员普减1/10，因此引起了包括江南士绅在内的汉族地主阶级的不满。为此，南巡期间乾隆竭力表示自己对教育的重视和对学术发展的关心。首次南巡，即以三吴两浙为人文所萃，民多俊秀，应试之人日多而入学则有定额为由，特命增加上、下两江和浙江三省府州县学岁试文童录取名额。而后几次巡幸，还屡次临幸各地书院，颁赐书籍；考试进献赋颂之士子，中试者，特赐举人，量授官职。乾隆四十五年（1780）5次南巡后不久，《四库全书》告成。乾隆又专拨库帑百万两，雇觅书手续抄三份《四库全书》庋藏于扬州、镇江和杭州三地，以供士子观摩誊录。所有这些，都使江南士绅感到他们时时、处处、事事都在受到乾隆的特殊优待，和中央政府间的矛盾也暂时缓和下来。其三是对巡幸所经沿途官员普遍加恩。在籍、致仕官员迎驾者，必予接见。赏饭，赐人参、貂皮，晋封官爵，赐子孙功名出身等不一而足；因公诖误而受到处分或革职的官员，或准其开复，或复其原品，赏赐新衔。对现任封疆大吏，则更是表示重视，赏赐金银，题诗给匾，以示倚任。对此，所有受惠官员无不"浃髓沦肌"，感恩戴德，从而也更加卖力地为乾隆效劳。其四是祭扫明陵和历代名臣祠墓。乾隆历次南巡，总要绕道江宁祭扫明孝陵；与此同时，对巡幸沿途15公里以内的历代名臣祠墓如晋臣卞壶，唐臣张巡、许远、陆贽，宋臣曹彬、范仲淹、宗泽、岳飞、韩世忠，明臣徐达、常遇春、方孝孺、于谦等也遣员赐祭。

通过这些活动，乾隆一方面向人们显示自己是历代帝王、特别是明朝统治者的当然继承人，以消除江南汉族人民的民族意识；另一方面向江南人民灌输忠孝节义等封建道德，以在思想上巩固自己的统治。总之，乾隆通过六次南巡，基本上消除了江南士绅对中央政府和其本人的不满情绪。因而，南巡结束后，乾隆甚表满意，并将其与平定准噶尔部、回疆叛乱一起作为他自己在位期间的两件大事，乾隆的专制统治也因此而进一步巩固下来。

2. 查贪腐，平党争

> 凡侵盗钱粮入己，自一千两以下者，仍照监守自盗律拟斩，杂犯，准徒五年；数满一千两以上者，拟斩监候，秋后处决，遇赦不准援免。
>
> ——《大清律例》

在中国历史上，清朝的贪腐之风算是达到了顶峰，特别是在“康乾盛世”时期。乾隆时期与康熙时期相比，是有过之而无不及。一来是因为乾隆上位之时曾大量赦免和使用雍正时期的罪臣；二来则是因为乾隆初年，在惩治贪腐之风时使用较为宽容的手段；再者则与不和谐的封建制度相关。

清朝的政治制度一般依靠庞大的官僚机构进行统治，权力相对集中，很容易造成各种大权被一个人或一个党派掌握，导致官场上很容易发生贪污腐败和营私舞弊的现象，如此一来，不仅老百姓的生活处于水深火热之中，并且钱财都流入贪官的口袋，国家办事效率降低，国基不稳。所以，乾隆必须在局面还没有完全恶化之前治理此问题，以确保大清江山根基稳固。

乾隆初年，全国各地灾荒连连，朝廷下令开仓救济灾民，希望缓解灾情，这便成了贪官大肆贪污的好机会。在乾隆初期，政局还未完全稳定，犯事的多为个案，但随着长时间的经营和发展，腐败案件日益增多，贪官们构成一个严密的系统，呈现集团化犯罪的倾向。

面对这种状况，乾隆只好重新使用雍正时期的手段，一旦犯事，则严惩不贷。但是乾隆又有自己的特色。他觉得那些贪官必然是贪得无厌，既然暴露，朝廷就要追回他们贪污的赃款。除此之外，他们势必还会有更多的没有败露的案件，所以凡是遇到腐败问题的，在论罪方面乾隆都从重处理，很多大贪之人都会被斩首，但他们可以拿钱抵罪，一般是以10倍的贪款来免除死罪，然后再发往军台效力，所以即使他们再有钱也很难有机会享受。

虽然乾隆使用极其严厉的法律来治理腐败，但贪官一旦步入那条道路就没有回头的余地。所以，即使处罚严厉，贪腐之案还是层出不穷。

仅乾隆二十二年（1757）就发生了三起贪污腐败案件，这些案件展现了其牵连的广泛性和集团化。

首先是恒文贪污受贿案。恒文，满洲正黄旗人，在雍正时期，还是个不起眼的小生员，在后来的10年里，他屡建功勋得到了4次升迁，深得乾隆赏识，成为朝廷一品大员。但是，官越大，诱惑越多，他在给乾隆买贡品金手炉的过程中借机牟取私利，并且纵容家人随意收受贿赂。乾隆得知大发雷霆，他没想到连自己亲信的大臣竟也是贪污之辈，所以最终下旨将其终身监禁，并且处理了其他受牵连的38名官员。

第二件则是山西巡抚蒋洲贪赃案。蒋洲的家族势力特别强大，他的父亲蒋廷锡在雍正时期曾是户部尚书兼任兵部尚书，后来又成为大学士。他的哥哥也是乾隆时期的大官，曾经身居湖南巡抚和户部尚书等职位，后来成为军机大臣。蒋洲就是通过这样的关系一步一步走向贪赃枉法之道的，他协同山西很多官员侵吞国家钱财，还向百姓勒索，收受贿赂，大量敛财。这一次，乾隆愤怒了："若不大加惩创，国法安在？"乾隆二十二年(1757)十一月，蒋洲被处斩，同时乾隆还严厉处理了其他的山西涉案官员。

第三件是蒋炳和九卿包庇杨灏一案。在乾隆二十二年（1757）前，湖南巡抚陈宏谋曾弹劾山东布政使杨灏贪污粮款。经查实后，杨灏被拘捕。但在乾隆时期有个规定，凡是因腐败问题被判处死罪的，皆可以钱冲抵。后来杨灏在限期内如数将赃款交还，即被改判"缓决"。乾隆得知情况后大发雷霆，将杨灏重新问罪，秋后处斩。然后还对给杨灏改制的湖南巡抚蒋炳以及九卿治罪，严责其欺君瞒上，最后将蒋炳发往军台效力。

这三个案件都涉及朝中高官，说明乾隆有意要清理朝中腐败问题。恒文是乾隆的爱臣，乾隆不惜从严处理，说明乾隆整顿贪风的决心之大。蒋洲之案是一件集团化的大案，并且是出在大族之内，乾隆拒绝求情，执意将其处斩，并对于下面的朋党分子也予以严厉打击，尤可见惩治腐败面之广。而蒋炳之案，蒋炳只是办案官员，依据规章制度办理案件，但仍然落得充军的下场。更明白地昭示着乾隆不仅要抓贪腐，还要治理贪腐。贪腐分子要严惩，打击贪腐不力的官员也要受到处罚，可见乾隆根治腐败的深度。

这些案件虽大，却没有牵涉皇家人员，真正显露出乾隆治贪决心的案件要数下面这一件。

乾隆三十三年（1768），继众多贪腐案件曝光之后，又一极其重大案件浮出水面。涉案金额高达1000多万两白银，而且涉及皇亲国戚以及数十位朝中大员和盐商。在古代，盐是非常难得的，所以当时的盐商都是在朝廷极其有势力的人。而该案的首要人物就是当时的盐政高恒。

高恒的父亲高斌，是乾隆时期的军机大臣，哥哥是礼部尚书。更重要的是他的姐姐是乾隆的贵妃。所以这件案子牵扯到皇家的脸面，关系重大。

乾隆三十三年（1768），新上任的两淮盐政尤拔世上书奏明乾隆，前两任两淮盐政普福曾收银37.8万余两，用于公务8.5万余两，但是后来只将19万余两白银交给内务府。乾隆发现这些银两的来历不明，其中必有隐情，肯定存在私自侵吞的现象。所以，乾隆令江苏巡抚彰宝秘密去扬州调查此事，并命他一定要查个水落石出。但这一查即查出了个惊天大案。原来历年来，地方盐政都会向盐商收取费用，以备公用，但是他们却隐匿不报。在过去的数年里，他们一共收取费用1000多万两白银，相当于当时清王朝一年国库收入的1/3。这些事就是发生在前盐政高恒身上。

事情的复杂之处在于这些银两的去处。这就要说到乾隆第四次下江南，当时高恒曾率领两淮盐商一起侍奉乾隆，其中花费400多万两白银就是出于此。乾隆一直标榜自己出巡从不取于民，但是，这次他倒成了最大的嫌疑犯。除此之外，这件案件牵扯到官商两界，影响实在重大，如果事实曝光，势必会引起大的动乱。所以，经过乾隆左减右扣，最终赃款被定为几百万两。但是乾隆治贪是坚决的，所以，判高恒和普福斩立决，其他被牵扯之人不是被监候就是被抄家。

乾隆对于此案的处理大大地挫败了那些贪官的锐气。一个皇帝为治贪腐，连皇家的内部人员以至亲戚都要杀头，还有什么人能够成为漏网之鱼呢？

乾隆前期与中期在治理贪腐问题上的策略完全不相同。最开始以“宽”处之，到最后动不动即判杀头大罪，也曾多次改订和增订有关惩治贪污的法律条例。例如乾隆六年（1741），他就做过这样的修改：“定制，文武官员犯侵贪等罪者，于限内完赃，俱减等发落，近来，侵贪之案渐多，照例减等，便可结案。此辈既属贪官，除参款外，必有未尽败露之赃私，完赃之后，仍得饱其囊橐，殊不足以惩愍。著尚书讷亲、来保，将乾隆元年以来侵贪各案人员，实系贪婪入己，情罪较重者，秉公查明，分别奏闻。陆续发往军台效力，以为黩货营私者之戒，嗣后官员有犯侵贪等案者，亦照此办理。”(《清实录·高宗纯皇帝实录》）其中缘由还是出自他开始错误地估计了贪官们的发展潜力和危害性，以至于到后来不得不沿用雍正严厉治国的方略。这次治贪也为打造真正意义上的“康乾盛世”打下了基础。

前面讲到在中国历史上，乾隆时期的腐败问题是最突出、最严重的。腐败往往是引起各级官吏出轨的导火索，事情往往存在连锁反应，牵一发而动全身。所以在康雍吏治的这种大背景下，乾隆能否扭转乾坤，使清王朝继续它的兴盛，以支撑它传承更久就显得更加扣人心弦和引人瞩目。在封建官僚大一统的社会模式之下，大事看皇帝，小事看官员，层层管理之下讲究的是一个上行下效。所有的决定永远出自上级，而上级做出决定的情报信息又来源于下级，所以在经营国家的重担上，一头是皇帝，一头是臣子，无论哪一方出了问题都很难在吏治上实现突破。

乾隆执政之初，由于康熙和雍正吏治不能够满足大清发展的局势，所以亟须进行整治改革，来一场彻底而坚决的吏治大革新。前面我们说过他宽严相济的执政总要略，也见识到他为拉拢势力安抚满族亲贵的手段。但这些毕竟是些小手段，在治理国家的长远计划中如何平衡各方势力、打击不良行为才是真正的难点。

曾有个叫张湄的官员，在官场上见多了贪污受贿、欺上瞒下的作风，他一心想为国家、为皇帝效力，所以上奏折给乾隆弹劾了一些自认为于国家无益的官员的作为，旨在铲除这些官场中的不法分子和无能之辈。但乾隆与其观点不一样，所以不仅没有采纳张湄的弹劾意见，反而对其不顾后果的指责行为大加斥责。乾隆只是在其执政初期采取这种做法，面对源源不断的进谏他开始挑选听取。例如，刚登基时孙嘉淦对大清时政的利弊分析，他举出了当时清政府以及皇帝的很多弊端，乾隆听取了这些逆耳之言。但任何一个人都会随着时间逐渐改变的，此时乾隆刚执掌朝政，意气风发，极度地渴望自己治国有道，将大清百姓的生活提到另一个层面。由于乾隆治国有方，大清逐渐走向了鼎盛。然而正是这种成功使得乾隆由果断变成了武断，极端地相信自己的判断力。此时皇权已经牢固，乾隆帝也开始为了达到目的而不择手段。这种做法虽然在一定程度上抑制了吏治变坏，但却限制了很多利于国家发展的思想。这也是清朝政府为何得不到新鲜意见而逐渐走向没落的一个原因。

乾隆和康熙一样有一个不好的习惯，那就是一棍子把人打死。一旦某人在其脑子里留下了不好的印象，或是犯过什么过错，那他就永远是个错误的代言人。乾隆不会去认真听取或是采用他们的意见，除非是极为有道理的。要是他们想要议论或是弹劾别人的错误，那就更是天方夜谭了。

原本在正常的管理体制之下，公正是最高管理者最应该看重的一点。但封建社会发展到乾隆后期已经变得有点畸形。由于专制社会的特点，腐败已经吞噬了整个朝政，吏治不断变坏，朝中官员几乎个个牟取私利、暗怀鬼胎，乾隆生活在无穷无尽的欺骗与隐瞒当中。他没有办法去分辨到底哪些话是真哪些话是假。在这种情况下是不存在公平的，刻意地追求公平反而会导致更加不公平的局面产生。

乾隆的这些手段虽然在治理腐败上没有任何成效与进展，但在其他方面还是有作用的，至少在朝廷官员面前树立了一位严肃、贤明的君主形象。所以在乾隆发出一些命令之后，官员们都会努力去实践。

可以说乾隆初期的领导方针和执政思想整体都是正确的。那是一个特定时代的特定对策，这帮助乾隆在与佞臣们的搏斗中取得了主动的优势。

乾隆初政期间，把大部分精力放在吏治改革、战争和关注百姓民生上，他在总体上实行宽松政策，尤其是对待原来受雍正打压的爱新觉罗家族的叔伯兄弟们，更是摆出友善的姿态，让大家都捐弃前嫌。所以乾隆一上位就释放了允䄉和允禵，并且恢复允禩的皇家地位。事实证明这也起到了一定的效果，但是，树欲静而风不止，总有一些人心怀鬼胎，暗中捣鬼。

乾隆初始只以为自己的种种举措已将之前宫廷夺位产生的旧怨完全平息，但出其意料的是，理亲王弘晳却不安分，私下和不少近亲宗室王公串联，蓄谋不轨，大逆不道。弘晳乃是康熙两立两废的太子胤礽之子。如果当初是胤礽即位，此刻的皇帝就是他了，只可惜他父亲不争气，将皇位拱手让与他人。其实，在弘晳幼年，他和弘历一样也备受皇祖父康熙宠爱，只是其父胤礽实在不是君王之料，所以他才没有希望当皇帝。对此，他也是满腹怨言，直到后来他被雍正皇帝重用，封为郡王。

乾隆对待宗族的宽大政策本应使得弘晳等人服从管理、顺应天意，更何况他早已对雍正俯首称臣。其实弘晳逆谋也是有诱因的。乾隆三年（1738）十月，乾隆之子永琏不幸去世，乾隆原来密立永琏为储，如此一来，储位告空。乾隆将此事告知允禄、弘昼和其他军机大臣，所以弘皙也得知了此事。此事一出，弘皙立马有所会意，他认为一腔怨气总到了该出之时，所以开始密谋大计，不再甘愿为臣子。

弘皙为了谋位，私下里勾结了一群朋党，这些人全是皇家正统。首先是庄亲王允禄，他是雍正的十六弟，也就是乾隆的叔叔，在康熙九子夺嫡年间，他的年龄还小，所以没有参与夺位大战。雍正即位之后，一面打击反对派势力，一面做表面工作笼络人心，封允禄为庄亲王。雍正在逝世前将乾隆托付于他，乾隆上位之时也封其为总理事务大臣，所以其实他是备受恩宠，但他还是被弘皙拉拢过去。其次就是弘升、弘皎和弘昌。这几人都是乾隆叔叔的儿子，他们之所以参与党派活动，也是因为他们的父亲惨遭雍正镇压，虽然乾隆对他们不究前事，但他们仍余怨未消。

弘皙的异心其实在乾隆三年（1738）就产生了，他不仅在情绪上时时流露出对乾隆的不满，毫无敬畏之心，而且在其府上私自设立内务府的下属机构，并且制作了非皇帝不能用的鹅黄肩舆。这些事都表明了他对乾隆的嫉恨和反叛的心理，只是乾隆一时没有证据证明其反心，虽没有对其定罪，但心里早已戒备。

乾隆四年（1739），有人告发弘皙与庄亲王允禄结党营私、行事诡秘。乾隆知道他们必然是有所行动，想趁此机会将他们一网打尽，所以立即叫宗人府严查此案，经过宗人府的查证，他们确实在结党营私。乾隆恐其有谋逆大计，但又没有足够的证据，所以只是将允禄、弘皙和弘升等人革去爵位，并永远圈禁，没有要他们的性命。除此之外，将弘晈、弘昌等人革去爵位。但是在论罪的时候，乾隆重点指出弘皙的野心，对其他人的过失避之不谈。

乾隆对弘皙的处理还算宽大，说是圈禁，但还允许他在昌平的郑家庄王府居住，只是不得出城。然而，这件事并没有完结。又过了两个月，突然有个叫福宁的人来宗人府状告弘皙犯下重罪。乾隆虽然早已知晓他又图谋不轨，但听到有人前来揭发还是表现得非常愤怒，于是派军机大臣严肃审理此案。在审讯相关案犯时，有个案犯是巫师，据他交代，弘皙曾请他到府中作法，并且问了几个问题，以推测天意。问题包括准噶尔能否到京，天下太平与否，皇上寿算如何，将来弘皙升腾与否等。那他为什么问这几个问题呢？这又意味着什么呢？

首先，我们看看准噶尔。在清朝，尤其是雍正、乾隆年间，与准噶尔的战争可谓从未断过。准噶尔部队精悍，清朝将领人人畏准噶尔如虎。准噶尔在明朝时叫“瓦剌”，等清朝入关之后才称为“准噶尔”。准噶尔不仅军力强盛且善于用兵，在明朝时就曾经将明英宗俘虏去。在雍正年间，准噶尔和清军作战也险些令清军全军覆没。时年，清军和准噶尔军在和通泊大战，以大将军傅尔丹为首的清军北路大军几万人中计被围，后来只有约2000人杀出重围，其他将士有的战死，有的被俘。

在乾隆年间，准噶尔也时常进犯清朝，乾隆常为此事烦恼。然而弘皙却占测准噶尔何时进京，想趁着大乱坐收渔翁之利。他作为清朝皇族的一员，不思如何报效国家阵前杀敌，不顾天下苍生，却希望敌人尽早来犯，自己好取得皇位，这一点让乾隆很生气。

种种迹象表明弘皙欲待乾隆驾崩后，钻乾隆没有立太子的空子一举拿得天下。对此，乾隆再不能心慈手软了，而此时他已掌握了弘皙仿效国制的证据（弘皙在自己府中仿效内务府，设立了掌仪司和会计司等职位，俨然把自己当作皇帝）。于是，乾隆下旨斥责弘皙居心叵测、大逆不道、昏暴鄙陋，并且经过九卿和满朝文武的议论，决定革去弘皙宗室的身份，在景山东果园将弘皙永行圈禁，其子孙也永远革去黄带子，只给予红带子。

弘皙的这些作为确实出乎乾隆的意料，乾隆本以为人心都已归附，不料却出此事。不过，至此，康熙年间九子夺嫡产生的恩恩怨怨都已结束，弘皙也像他父亲一般，落得个终身圈禁的下场，乾隆也初步稳定了他的政权，并且在治国上也开始小有成就。乾隆之所以低调处理就是不想再因此事而横生一些不必要的枝节，本来像这种觊觎皇位的大逆不道之行乃是罪无可恕，但乾隆却放了他们一条生路，这样既达到了惩治的效果，又收获了人心。

乾隆的治国之策就在于他比雍正和康熙都懂得要宽严得当，他不像康熙一般一意姑息，也不像雍正一般凡事严惩不贷，不留后患。这也是他把清朝推向盛世的行政策略之一。雍正十二年（1734），雍正曾说：

> 大学士鄂尔泰、张廷玉实我朝之忠贤大臣。朕见伊两家之后起人才蔚然可观，是以屡加擢用，有甫经数年，而即至大贵者……彼夫识见卑鄙之人，未必不私心窃疑，而谓朕之匿其所好……然朕之乐于用伊两家子弟者，亦自有朕之意在。一以两家之先人培植长远，方获生此贤哲为国家之肱骨心膂……一以两家子弟素闻家教，非同寻常，必不至负国恩家训；一以两大学士这般忠诚，虽天下之人尚思教育成就之，所以训勉于一门之内者，必更加肫笃，可以代朕之提撕训诫，令其有成。
>
> ——张廷玉《澄怀主人自订年谱》

作为一位帝王，其困难之处不在于一人治理整个天下，也不在于处理后宫纷繁的争斗，而在于如何平衡和处理多层关系。他必须处理好百姓与君王的关系、臣子和君王的关系、臣子和臣子的关系。朝廷官员是一个很特殊的群体，他们不仅是皇帝的子民，还有责任为皇帝分担政事，并且在一定程度上享有特权，所以做好一个臣子也不是那么简单的，他们往往会在那些特权及利益的诱导下勾心斗角、互相攻击。

乾隆一上台就平衡好了自己与百姓的关系，通过赈灾和杨名时案，他深得百姓和臣子的信任。其次通过撤销雍正对各皇叔的惩罚以及对弘皙朋党案件的从轻处罚，缓和了他与皇家势力的矛盾。但是，接下来他还必须解决好臣子之间的矛盾，才可以将朝廷治理得井井有条，稳握政权。

雍正去世时，亲自托付四位大臣在乾隆执政之初辅佐乾隆。乾隆三年（1738），允礼病逝；第二年允禄因参与弘皙谋反一事被削去了议政大员的职位，也没有了影响力，所以只剩下鄂尔泰和张廷玉。

鄂尔泰，满族人，西林觉罗氏，镶蓝旗。在康熙年间中举，由于为人耿直，遇事不知变通，在官场不甚得意，只混得个小小的内务府员外郎，直到雍正这位伯乐发现并重用他才得以有升迁的机会。雍正还是雍亲王时，有事求助于鄂尔泰，但遭到他的拒绝，雍正因此发现他刚直不阿，登基后对他委以重任，10年之内把他从一个小小的员外郎逐渐提升到首席军机大臣。到乾隆登基，他已是三朝元老，在一定程度上把持朝政。他的集团结构宏大，包括庄亲王允禄、监察御史仲永檀、军机大臣海望等朝廷大员，而这些绝大部分是满族人。

与鄂尔泰的满族势力相对的则是以张廷玉为核心的汉族集团。张廷玉乃大学士张英之子，安徽人。他也是康熙的旧臣，因长期为雍正皇帝起草谕旨，贯彻皇帝的意图，所以被雍正看好。他为人谨慎，雍正成立军机处时，叫张廷玉制定军机处规章制度，可见雍正对张廷玉的器重非同一般，后来雍正自己也说过，张廷玉如他臂膀。张廷玉身为大学士，门生众多，而他的门生经过他的栽培和提拔也多居朝廷要职，所以他也是权倾朝野。

鄂尔泰像

到乾隆即位时，朝廷势力基本上分为两拨，一边是以鄂尔泰为核心的满族集团，一边是以张廷玉为核心的汉族集团，当然也有极少的没加入党派之争的中立分子。他们倚仗自己的势力，在朝堂上官官相护，相互勾结。

张廷玉

乾隆初期，民间有传说，朝廷的实权基本把握在鄂尔泰和张廷玉手里。虽然他们不像康熙时的鳌拜有野心要反，但他们如此结党营私，长此以往亦会将皇帝架空。面对这样的情况，乾隆不能严厉追查，害怕引起政治风暴。但是鄂尔泰与张廷玉是有矛盾的，张廷玉从康熙时期就一直官运亨通，且得到很多大臣的拥护，所以一直看不起曾是员外郎并且受乾隆偏爱的满族人鄂尔泰，但鄂尔泰又凭他曾经建立的战功而身居要职，对张廷玉也颇为不服气，两党遂产生门户之争。

清朝是满族人的天下，所以张、鄂两党虽争来争去多年，大权也多掌握在满族上层的手上，再加上乾隆偏袒满族官员，所以在实力上，张廷玉势力是不及鄂尔泰的。两党之间经常会发生冲突，搞得满朝动荡，所以，乾隆作为一位皇帝，要做的是平衡两方面的势力，并且慢慢打压，把实权收归自己手中。

其实，在雍正年间他们就发生过冲突。雍正十三年（1735），古州发生暴乱，张廷玉的死党张照密参此事是由于鄂尔泰办事不力引起的。他在贵州不集中精力镇压乱民，反而去搜集鄂尔泰的罪状，同时还想推翻鄂尔泰主张的改土归流政策，所以雍正下旨指责张照挟诈怀私、扰乱军务，将他下狱。鄂尔泰见此情景，以为雍正是站在自己一方的，认为惩治张廷玉的时候到了，便想借此机会治张照的死罪，压倒张廷玉集团。但雍正心里很明白，不能让一方做大，否则他们会更加嚣张跋扈，自己就很难操控局面了，所以雍正并没有让一方压倒另一方。之后两党一直处于权势相当的状态，彼此没有构成压倒式的威胁。

直到乾隆六年（1741），鄂尔泰集团受到了沉重一击，从此走向垮台。时年有俞氏，原为工部凿匠，富而无子，嗣孙又年幼，所以俞家一时无人担当。于是他的义女婿许秉义想谋俞家的家产，所以和内阁学士许王猷联宗，并且邀集不少朝臣前去俞家吊丧以壮声势。但此事后来被顺天府告发，许王猷被革职处分。同年三月，仲永檀又参奏兵部尚书鄂善在俞氏夺产案中收受贿赂一万余两，其他官员也不同程度地收取贿赂。于是乾隆派弘昼、鄂尔泰、张廷玉等七位大臣前去查证，并且得到证实，最后准许其在家自尽了结。但仲永檀揭发赵国麟前去俞家吊丧一事实属子虚乌有，赵国麟乃是张廷玉集团一员，乾隆因为处理俞家案嘉奖仲永檀，赵国麟不服，最后赵国麟被夺官职。

在这件事情中，虽然张廷玉集团的赵国麟被革职，但俞家案牵扯到鄂尔泰集团的人甚广，所以大伤元气。

乾隆七年（1742），仲永檀奉旨前去江南办理赈灾事务，临走之前，把密奏中的内容告诉了鄂尔泰和鄂容安，这说明他们密奏的内容一般都是彼此知晓的，而且可能密奏之前还彼此商量，这种行为就是串通。所以，乾隆把这件事交给刑部严肃处理。在张廷玉等人不断地落井下石后，仲永檀最终病死在狱中，鄂尔泰和鄂容安退出南书房。到此，鄂尔泰集团彻底被张廷玉集团压倒。

乾隆是个聪明的人，他知道鄂尔泰倒下了就剩下张廷玉最难对付了，所以当鄂尔泰退出南书房时，乾隆并没有让张廷玉当首席军机大臣，而是让讷亲上位。

张廷玉行事严谨，不易被乾隆抓住把柄，但他把雍正许诺他死后配享太庙一事看得太重，竟然到最后要乾隆对此事进行保证，乾隆也暗示他会遵守诺言，但其自以为身居高位竟不亲自前去谢恩，这件事惹怒了乾隆，遭到乾隆的斥责。同时张廷玉的门生汪由敦又将尚未发出的谕旨提前透露给张廷玉，被乾隆知道。此事非同小可，乾隆大发雷霆。首先责备张廷玉信不过自己，身为臣子居然对君王提要求，要主子写保证书，没有天理。其次，他们结党营私，泄露机密，不将皇帝放在眼里。所以，乾隆革去汪由敦刑部尚书之职，将张廷玉削去爵位，以大学士之名退休回家，死后仍配享太庙。但屋漏偏逢连夜雨，乾隆十五年（1750），乾隆的长子永璜去世，乾隆异常伤心，张廷玉身为永璜的师父，为了避免自己惹上麻烦，在永璜死后就向乾隆奏请回乡。这件事让乾隆心灰意冷，认为张廷玉没大义，在徒弟还未过初祭就着急回乡，于是撤销张廷玉配享太庙的资格。但张廷玉死后，乾隆还是遵守承诺让张廷玉进了太庙。

至此，乾隆已将鄂尔泰和张廷玉两大集团的势力大大削弱，他们对乾隆的政权已够不上威胁，乾隆已经将自己政治改革路上的所有障碍全都扫清，牢牢地掌握了大清朝的政权。

雍正本来有11位阿哥，但其中七位都不幸早殇，到最后只剩下三皇子弘时、四皇子弘历即乾隆皇帝、五皇子弘昼和六皇子弘瞻。

在这剩下的皇子当中，弘时的命运算是比较悲惨的。他比弘历大7岁，但他的母亲是汉人，不被康熙和雍正看好，所以与皇位无缘。其实雍正也是特别偏爱弘历才导致弘时心生嫉妒，进而声援八皇叔允禩，与允禩往来亲密，所以最终以“少年放纵、行事不谨”的罪名被雍正逐出宫廷，除去皇家宗族身份，过继给允禩。到允禩因犯事而被圈禁之后，又被转交给了允祹，最终抑郁而终。乾隆即位后给他恢复了皇族的身份。

再者就是弘瞻，他是乾隆最小的弟弟，与乾隆和弘昼都相差二十几岁，乾隆即位后看他年纪小就做主把他过继给了果亲王允礼。他喜欢诗词，但是十分贪财。他做生意赚了很多银两，用他皇家的身份强买强卖，并且替人说情跑官也赚了不少银两。他只爱钱，除此之外什么都不关心。他就是因为这一点遭了殃。

乾隆二十八年（1763），圆明园发生火灾，诸王爷都进宫给皇太后请安，弘瞻是最后一个到场的，他还不以为意，表现得满不在乎，并与其他皇子交谈。乾隆见状勃然大怒，且不说他以前的那些勾当，就是太后和皇帝横遭灾祸，他竟没有一丝关怀问候，于是乾隆以此为由削去了他的王爵，降为贝勒。不久之后他就大病一场去世了。乾隆十分悲痛，恢复他的王爵，并特封谥号为“恭”。

与弘时和弘瞻相比，弘昼就显得心机颇多。他小时候与乾隆交好，总是与乾隆一起做事，当年乾隆被康熙带去宫中亲自抚养，乾隆也时常回来看望弟弟弘昼。但随着年龄的增长，弘昼也知世事了。皇位的诱惑是无穷的，身为皇子，人人都想得到皇位，可是弘昼知道自己根本不是弘历的对手。

虽然在乾隆登基之后弘昼心存怨恨和嫉妒，但是他比弘时要聪明得多。弘时的前车之鉴给了他教训，他知道自己不是乾隆的对手，但也不给乾隆对付自己的机会。在生活中他装作与世无争，从不觊觎皇位，表面上与乾隆交好，这样一来乾隆对他也奈何不得。

弘昼有一个癖好，喜欢办丧事，喜欢吃祭品，后世人称“荒唐王爷”，但是我们认为，这并不是他的爱好，而是他的自保之计。一来，如此办事确实显得无理取闹，但越是这样，越显得他无能，对乾隆没有丝毫威胁，不会遭受乾隆的政治打压，免得落得跟三哥弘时一样的下场；二来，我们推断他也是故意找乾隆的晦气。他在每顿饭前都要叫府里的丫鬟和侍卫在院子里哭成一团，自己在庭中观看。这样的礼节只有丧事上才能见到，对于国家十分不吉利。这也是出于他嫉妒乾隆的皇位而做出的撒气行为。其实乾隆心里也大概明白弘昼的想法，但是自己身为皇帝，对于弟弟这样一个爱好无从指责。所以，即使乾隆异常气愤，也只能作罢。

乾隆对于臣子的要求并不高，像弘昼这样的皇亲国戚，只要对自己的政权没有威胁，不阻碍自己的政治改革即可。弘昼一生从未有过贪污受贿的记录，而且又有太后的保护，所以乾隆也是任由他行事。有这样一件事，当时清朝有个铸造局（专门造钱的地方），有一次正当兵吏们把钱运出去时，运钱车竟然被弘昼的家人硬生生地给拉进了和亲王院中，再出来的时候就是一辆空车了，这相当于弘昼光天化日之下抢劫了运钞车。乾隆对此勃然大怒，但最后他以弘昼家里穷为由，免去了弘昼的罪责。不久之后，太后想到弘昼竟然沦落到了要上街抢劫的地步不禁难受，身体不好，乾隆大惊，便去慈宁宫看望。太后身边的侍女说是太后想看金山银山。于是乾隆向户部借钱，请太后看“山”，太后很高兴，竟把这些钱都赏给了弘昼，乾隆也没有丝毫责备。后弘昼大病，乾隆前去看望。弘昼起身磕头谢恩之后把双手围在头上，比画出帽子的形状，其实他是希望乾隆赏他一个“铁帽子王爷”，让他的子孙后代都袭“宝亲王”的称号。但是乾隆却假装不明白，把自己的帽子给了他，不给他这个机会。这也表现了乾隆对他之前种种作为的不满。

虽然弘昼临死时的要求被拒，但是他毕竟得以善终，不仅保住了性命，而且活得也很潇洒。他把自己打造成了一位与世无争的“荒唐王爷”，使得乾隆大安，这也是他得以保全的最重要的原因。

3. 一朝天子一朝臣

傅恒

在历史上，伴随着帝王更替，往往呈现“一朝天子一朝臣”的局面，文武百官的政治命运也会大起大落，乾隆皇帝时也不例外。

乾隆十三年（1748），乾隆破格提拔傅恒，这说明乾隆开始摆脱前朝老臣的掣肘、培植自己的心腹了。

乾隆上台之际，承袭了雍正时期的当朝人马。在他登上帝位以后，要做的最重要的事就是安排好自己的人，把他们放在重要的职位上。这些人可以不是文武全才，可以不是进士出身，可以不是皇亲贵戚，但必须听从乾隆的号令（参见栾继生著：《一朝天子一朝臣》，山东文艺出版社1992年版）。

在清除了鄂尔泰、张廷玉朋党势力之后，最能得到乾隆信任的就是傅恒。

傅恒，字春和，满族镶黄旗人，他出身于显赫尊贵的富察氏家族，是乾隆孝贤皇后的亲弟弟。这个比乾隆小了十多岁的年轻人的发迹似乎全凭乾隆皇帝的一句话。同当时大多数官员一样，傅恒并不是科甲出身，而是以皇宫侍卫的身份登上仕途的，他于乾隆五年（1740）被起用为蓝翎侍卫，两年之后擢升为内务府大臣。乾隆十三年（1748）讷亲被杀，傅恒代替他为首席军机大臣，这时候他年仅二十五六岁，堪称历史上最年轻的宰辅之一。

因为傅恒的年轻，他确实不足以孚众望，然而乾隆看中的恰恰就是傅恒这一点。傅恒不会有那些老臣的倚老卖老与奸猾世故，也不会趋炎附势、朋比为奸。

在傅恒之前，最得乾隆宠信的是讷亲。乾隆曾不止一次地说："我自从登基以来，最亲近的人莫过于讷亲了。讷亲受到我特殊的恩宠，朝廷中的大臣没有谁能够超过他的，这是大家都知道的事情。"但是，出身于钮祜禄氏的讷亲，自从得到恩宠之后便傲慢倔强，待人严苛无情。久而久之，乾隆皇帝对他也渐生不满，讷亲在朝廷中的地位也开始动摇了。

自乾隆十二年（1747），乾隆开始平定大小金川。由于大将张广泗指挥不当，清军屡屡失利。乾隆十三年（1748）九月，傅恒前往金川。在乾隆的大力扶助和将士的辅助下，傅恒捷报频传。乾隆十四年（1749）一月，金川土司莎罗奔等因久战乏力，畏死乞降。傅恒既为乾隆解除了金川战争两年来的沉重压力，又为乾隆争回了张广泗和讷亲战败失去的面子，成为功臣。

傅恒终于不负所望，在乾隆十四年（1749）二月班师回朝。乾隆为表彰傅恒，下旨举行了一场最隆重的迎接典礼，并立傅家宗祠，赐其东安门内新宅一栋。

从此，傅恒便以当朝第一功臣的身份取代了讷亲，担任军机处领班大臣一职，实际上成了名副其实的宰辅大臣。这种状况一直持续到乾隆三十五年（1770）七月，傅恒因病离世，傅恒在朝中执掌大权长达20多年（参见栾继生著：《一朝天子一朝臣》，山东文艺出版社1992年版）。

清朝第一战神岳钟琪

岳钟琪是乾隆重用的又一个被废弃的能臣。

岳钟琪是四川成都人，由康熙年间的捐纳同知改武职，官至四川提督，到雍正初年以平定青海之功，授三等公，赐黄带，官川陕总督，成为朝中一名封疆大吏，他也是康雍时期唯一可统率满族将士的汉臣大将。

然而，宦海起伏，不幸也发生在这位显赫一时的将军身上。雍正九年（1731），岳钟琪奉命督师发兵准噶尔，次年兵败后遭到大学士鄂尔泰、总督张广泗的弹劾，定罪斩监候，在狱中度过了5个年头，直到乾隆二年（1737），赶上大赦天下，他才得以释放（参见栾继生著:《一朝天子一朝臣》，山东文艺出版社1992年版）。

逃过了这场巨大的劫难，乾隆并没有立即起用岳钟琪，十多年后，因金川之役的失利，岳钟琪突然被召回朝，并以总兵的身份随师西征。

到了前线，岳钟琪立即被授予四川提督之职，并赐以孔雀翎。尤其是后来在傅恒出任经略一职之后，岳钟琪更是得以大展其军事才能，迫使金川土司俯首就范，为自己赢来了这迟到的前程，并得到了相应的高官厚禄。乾隆为了嘉奖他的功绩，加封他为太子太保，又封三等公，赐号“威信”，并福及子孙，乾隆曾赞誉他为“三朝武臣之臣”。

继傅恒、岳钟琪之后，乾隆又同时宠信了阿桂与和珅。

阿桂，字广庭，初为满洲正蓝旗人，后因功被赐为正白旗。阿桂出身于满洲世族之家，又以武功出名，而且考取了仕举功名，是乾隆三年（1738）的举人。

阿桂的性格沉稳端重而又机敏。乾隆八年（1743）升任郎中，并在军机处行走。这一年，阿桂年仅25岁，后来因库项银物失察罪以及乾隆十三年（1748）的政治风暴而获罪，但不久阿桂因父亲年老而获释回家，并很快官复原职，仍在军机处行走。

乾隆十七年（1752），阿桂继任江西按察使；第二年，阿桂被召补内阁侍读学士；乾隆二十年（1755），阿桂成为内阁学士。

战争为阿桂提供了飞黄腾达的契机。乾隆二十五年（1760），阿桂在平定回部的功劳中排名第十七位。乾隆二十九年（1764），阿桂奉命署伊犁将军，后来阿桂都是以封疆大吏的身份镇守边疆与弹压叛乱。在缅甸之役开始后，阿桂很快又作为扭转败局的能

紫阁元勋阿桂

将，与阿里衮同为副将军，随大学士傅恒征缅。在缅甸之役之后，阿桂以云贵总督的身份留驻云南，在金川之役的时候，阿桂奉命随副将军温福进讨。在乾隆四十一年（1776），金川之役告捷的时候，乾隆帝于紫光阁绘制功臣像，阿桂居于榜首。

阿桂为首辅的时候，对属下也是宽仁大度。有关阿桂用兵的传奇故事，在各种史书中有很多记载，尤其是金川之役最多，这些故事都展现出阿桂的勇敢形象，另外也可印证乾隆帝的知人善任。

和珅

对大清王朝来说，和珅是个一等一的奸臣，他中饱私囊，贪污受贿；而对乾隆皇帝来说，和珅却是他“贴心的小棉袄”。

和珅，字致斋，姓钮祜禄氏，满族正红旗人。其家世颇难考订。钮祜禄氏为满族八大贵族之一，其先祖是当年追随清太祖努尔哈赤入关的额亦都，额亦都有十六子，以幼子遏必隆最贵。

和珅是在乾隆三十四年（1769）承袭三等轻车都尉的爵位之后，开始有了接近乾隆皇帝的机会。很快，和珅被授为三等侍卫，不久又被委以重任。乾隆四十年（1775），和珅被授为御前侍卫，这是他一生中最难得的机会。后来的一个特殊任务让和珅的地位从此与众不同。那是乾隆四十五年（1780）的正月，35岁的和珅接受了一项秘密任务，就是远赴云南查办云贵总督李侍尧贪污一案。和珅到了云南，就先将李侍尧的大管家拘禁起来，取得了贪污的证据，再逼迫狡猾的李侍尧认罪。和珅自接受这个案子到李侍尧伏法历时两个月，他出色的表现让乾隆大为赞赏，在他还未回到京城的时候便被提升为户部尚书（参见红钊著，何君主编:《实事求是说帝王：清高宗乾隆》，中国长安出版社2007年版）。

从此，和珅依靠手中的大权，在朝中拉帮结派，形成了自己的势力。他的弟弟和琳几年之内就坐上了四川总督之位，他还拉拢了军机大臣、乾隆孝贤皇后的亲侄子福长安，一时间，和珅的势力权倾朝野。

为了稳固自己的地位，和珅联姻皇亲，投其所好。乾隆给和珅6岁的儿子赐名丰绅殷德，并将自己最宠爱的年仅5岁的十公主——固伦和孝公主指配和珅之子丰绅殷德。十公主长得很像乾隆，是乾隆的掌上明珠。

据朝鲜使臣相关史料记载："宠爱之隆，妆奁之侈，十倍于前驸马福隆安时。自过婚翌日，辇送器玩于主第者，概论其值，殆过数百万金。二十七日，皇女于归，特赐帑银三十万。大官之手奉如意珠贝，拜辞于皇女轿前者，无虑千百。虽以首阁阿桂之年老位尊，亦复不免云。"从此，乾隆成为和珅的保护伞，和珅更加为所欲为。

乾隆一方面十分宠信和珅，另一方面也对和珅加以管控。乾隆五十一年（1786），御史曹锡宝在弹劾和珅时受到乾隆的申斥，并以虚词妄奏被驳回。乾隆虽然明显地站在偏袒和珅的立场上，但他仍然指示复查此案的大臣说："不可误会我的旨意，对曹锡宝给以脸色，有意吹毛求疵，使原告转成被告。"同时指示办案大臣"不可因为和珅而存在丝毫的回护行为"。事后，虽未查出和珅有营私舞弊问题，但仍然引起了乾隆的深思，意识到曹锡宝弹劾和珅肯定事出有因。于是，他在授予和珅文华殿大学士之职的同时，免去其崇文门税务监督的职衔。

尽管和珅多次从中作祟，却始终不敢公然凌驾于皇权之上。一次，和珅保举部员湛露出任广信知府，但当湛露被引见后，乾隆见其年纪轻轻，人不压众，语不惊人，便以其不能独当一方为由，斥责和珅随意滥保，并下令降和珅官职二级留任。

在和珅当权期间，诸如此类的申斥和警告经常发生。而且，和珅还不止一次地受到降罚。其中，乾隆六十年（1795）和珅受到的降罚最多。

乾隆六十年（1795年）四月，理藩院在处理蒙古台吉图尔扎布凶残一案时没有先行报告，受到查处。和珅作为理藩院尚书责任重大，他凭借皇帝的恩宠，此次也想蒙混过关。结果被乾隆训斥“始终回护”，命令降官职三级留任。还是这年的十月，廷试武举。乾隆命军机大臣查询实录，但实录按照惯例不收藏武举试题，而和珅却坚持实录应该有这一项，结果惹恼了乾隆，乾隆以“护过饰非”，严厉地斥责了和珅，并命革职留任。这是乾隆对和珅处罚最重的一次，却也没有过轻罚重之嫌。可想而知，此时的和珅，因志得意满而有些忘乎所以，骄矜狂妄之气在乾隆面前也时有暴露，终于引起了乾隆的不满，欲给予警告。

嘉庆二年（1797），阿桂亡故，和珅继任为首席军机大臣。然而，就在和珅为夙愿得偿而自鸣得意之时，乾隆又给他当头泼下一盆冷水。乾隆于万寿山召见军机大臣，就军机处书旨列名对和珅指示说：“阿桂担任这个职务已经有年头，且有战功，你原来同他一起署名在军机处发布的公文上，还是情有可原的。现在阿桂已经病故了，而单独署上你的名字，地方官不知道事情原委，一定会怀疑军机处的事情都是你一个人决定的，甚至把你当成阿桂，你认为合适吗？”（参见杭州市萧山区档案馆编《历史名人档案》，杭州市萧山区档案馆学会2010年版）这番声色俱厉且寓意深刻的“圣谕”恐怕也是和珅第一次自乾隆那儿听到。为了防止出任军机首辅的和珅专权称相，他取消了和珅于军机处所发的谕旨上列名的职权。乾隆此举尽管可以看成他防止大臣专权的一贯手段，但却不无对和珅的贬斥之意。而声称阿桂有功，实则暗喻和珅无功。

在乾隆晚年的统治中，其实并没有独宠和珅一人，被宠幸的大臣还有王杰、董诰、刘墉、嵇璜等人，他们皆以廉能方正而闻名于世。所以，在乾隆皇帝的中枢府衙中，实在是奸贤同朝、极不相和。阿桂自乾隆四十二年（1777）担任军机处首席军机大臣以来，直到嘉庆二年（1797）病逝，居首辅之位达20年之久。而和珅则始终位在其后，不管这是否出于乾隆的精心安排，以德高望重而又安于职分的阿桂压在和珅之上，都是使和珅之奸弊不能得逞的一个重要因素。

古人云：“举贤任能，是政治的根本。”乾隆通过人事变革，培养了自己的亲信，他以独特的用人眼光和得力的驭下之术物色了一批忠臣干将，巩固了自己的统治。

四、十全武功：定疆靖边勘地扩图

1. 平西南苗疆用兵之乱

雍乾更替之际，有一个亟待解决的问题，那就是西部民族叛乱。乾隆说："目前紧要之事，无有过于西、北两路及苗疆用兵。"（《清实录·高宗纯皇帝实录》）

西南民族的问题，即"苗疆用兵"，指贵州古州（今贵州榕江县）台拱（今贵州台江县）一带的苗族原土司叛乱。

元明以来，西南少数民族聚居地区普遍实行土司制度。中央政府委令当地少数民族的首领为土官，"曰宣慰司、曰宣抚司、曰招讨司、曰安抚司、曰长官司，以其劳绩之多寡，分尊卑之等级"（《明史》卷三百一十《列传》第一百九十八）。土司允许世袭，中央政府征以赋税，也可以驱使其众。土司虽“大姓相擅，世积余威”，也必须假中央政府予以的爵位、名号，对帮民“易为统摄”（《明史》卷三百一十《土司传》）。土司制度的建立是封建专制主义中央集权统治的扩展，也密切了西南少数民族地区与内地政治经济文化的联系。但土司制度毕竟是与农奴制相适应的落后的政治体制。土司拥有大量世袭的土地，强迫土民为其农奴，耕田纳赋当差。康熙雍正时兰鼎元说，贵州各土司“一年四小派，三年一大派。小派计钱，大派计两。土民岁输土徭，较汉民丁粮加多十倍”（兰鼎元：《鹿州初集》卷一《论边省苗蛮事宜书》）。在政治上，土民没有人身自由，他们对土司“无官民之礼，而有万世奴仆之势，子女财帛总非本人所自有”，“土民一人犯罪，土司缚而杀之，其被害之家族，尚当敛银以俸土司，六十两、四十两不等，最下亦二十四两，名目玷刀钱”（兰鼎元：《鹿州初集》卷一《论边省苗蛮事宜书》）。各土司间为争土地与劳力，常兵戎相见，战争连接不断，给少数民族带来了深重灾难。明朝以来，为强化中央对西南地区的管辖，陆续对各土司实行改土归流政策，罢撤土官，由中央派流官直接治理。降至雍正年间，采纳云贵总督兼兵部尚书鄂尔泰建议，清朝在西南更大规模地改土归流。鄂尔泰制定改土归流政策的基本点是要削弱土司的政治经济特权。

其具体内容包括：改土司为州县，取消土官世袭制度，没收原土官田产，发给士兵屯种；废除原土司的土贡制度，土民向官府自报田产，按内地税制计亩征赋。

恩施土司城

改土归流削弱了少数民族地区封建农奴制的割据势力，是促使社会政治经济发展的进步政策。但它触犯了土司利益，势必引起土司的强烈反对。鄂尔泰以武力为后盾，剿抚结合，加以推行。雍正四年（1726）五月，他首先出兵荡平广顺州长寨后，建营驻兵，分扼险要，“易服雉发，立保甲，稽田户”（魏源：《圣武记》卷七《雍正西南改土归流记上》），并乘胜招服黔边东西南的定番、镇宁、永宁、永丰、安顺等苗寨2000余（鄂容安等：《襄勤伯鄂文端公年谱》，载《清史资料》第二辑)。而古州(今贵州榕江县)的改土归流迟至雍正七年(1729)才着手。此处“自恃地险峻，出没靡宁，扰害居民，劫夺行旅”，“为地方良善之患”，是“自古未归王化之地”(鄂容安等:《襄勤伯鄂文靖公年谱》，载《清史资料》第二辑)。又有人传播说“改流升科，额将岁倍”(魏源:《圣武记》卷七《雍正西南改土归流记上》)，所以当地土司顽固地反对改土归流。当年三月，鄂尔泰平定古州，雍正立即嘉奖鄂尔泰与协助鄂尔泰执行改土归流政策的贵州巡抚张广泗。

雍正九年(1731)鄂尔泰返京。古州苗族头人“伺公已北上，文武官弁又不善防范，致复作乱”(魏源:《圣武记》卷七《雍正西南改土归流记上》)。雍正十二年(1734)当地谣言四起，说是“出有苗王”(《清实录·高宗纯皇帝实录》)。雍正十三年(1735)二月，所属八妹、高表等寨“听信谣言”，纠众滋事。叛乱以古州、台拱为中心迅速蔓延，攻掠所至，达凯里(贵州凯里市)、施秉(贵州施秉县)、黄平州(贵州黄平县)、清平(今贵州凯里县西北)、余庆(贵州余庆县)、镇远(贵州镇远县)、思州(治所今贵州岑巩)，震动省城。五月，雍正派湖广、广西、云南、四川官兵2万名进剿，命贵州提督哈元生为扬威将军，统一调遣，湖广提督董芳副之。雍正还任命皇四子弘历、皇五子弘昼、大学士鄂尔泰、张廷玉，户部尚书庆复、礼部尚书魏廷珍、刑部尚书宪德、张照和工部尚书徐本等为办理苗疆事务王大臣，令张照和副都御史德希寿立即驰驿赴黔，指挥征剿。

张照和鄂尔泰是政敌。在平叛古州叛变时，鄂尔泰引咎辞去了伯爵之位。张照到达贵州后，利用一切机会攻讦鄂尔泰，他还想拉拢鄂尔泰一手提拔的德希寿一起弹劾鄂尔泰，被拒绝后转而支持董芳，力主招抚。“当是时中外畏事者争咎前此苗疆之不当辟，目前苗疆之不可守，前功几尽失，全局几大变”（魏源：《圣武记·雍正西南改土归流记上》）。西南改土归流面临着“流产”的危险（参见醉雁编：《十全英主——清高宗乾隆》，西苑出版社2010年版）。

正是在这严峻时刻，雍正撒手而去。年轻的新皇帝面对群情汹汹，弃苗疆之论甚嚣尘上而毫不动摇。他坚持用兵，果断地采取三项措施，力挽危局。

第一，迅速撤换前方主帅。雍正十三年（1735）八月二十四日，乾隆执政第二天，降旨调张照返京，以张广泗总理苗疆事务，谕令速往办理。乾隆用张广泗代替张照，可谓知人善任。张广泗，汉八旗军镶红旗人，以监生入赀授知府。雍正四年（1726），协助鄂尔泰在云贵搞改土归流，次年擢贵州按察使，雍正六年（1728）率兵讨平都匀、黎平、镇远、清平叛乱，因功超授巡抚。雍正十年（1732），以副将军之衔，随宁远大将军岳钟琪出兵西路，讨伐准噶尔部叛乱。出任苗疆总理事务大臣之前，张广泗为湖广总督。

第二，指示前方剿抚结合，停止滥杀无辜的暴戾行径。清军纪律败坏，杀良冒功，是其惯伎，如八寨协副将冯茂，“杀诱降苗六百余，及其头目三十余冒功，于是逃归播告党徒，诅盟益坚，多手刃妻女而后出抗官兵，蔓延不可招抚”（魏源：《圣武记·雍正西南改土归流记上》）。清兵对苗人良莠不分，一概屠杀，不利于分化瓦解敌人，乾隆对此很不赞成。雍正十三年（1735）九月二十一日，他颁谕：

> 朕闻得滇黔等省官兵，攻剿逆苗，其所过地方，概将空寨焚毁，甚至将已抚之苗，出寨当夫者，辄行诛戮。盖附近小寨，每为大寨逆苗阻使挟制，不得不从，若一概焚烧，毁弃米粮牲畜，诛其老弱子女，则胁从之徒无所依藉，势必併力格斗。

九月二十四日再次指出：

> 凶顽之寨及首恶之人，定应剿洗擒获，务尽根株。其余附和迫胁之苗，分别料理，必令尽缴器械，方许投诚。

区别已抚与凶顽，分清首恶和胁从，采取不同政策，必然减少阻力，有利于将战争推向胜利。

第三，批驳“弃置”论，坚持改土归流方针。雍正十三年（1735）九月七日，乾隆批阅张照从贵州送来的奏折时严厉斥责说：

> 又伊（张照）称，新辟苗疆，当因其悖乱而降旨弃绝，此语尤为乖谬。前朕奉旨、与王大臣等会议时，佥云苗人现在跳梁，此时断无弃置之理，惟有俟事平之后，再行计议。彼时张照亦力主此说，今何以自相矛盾如此。且摺内忽云弃置，忽云痛剿，仍是两歧之见，究不知其意之所在，甚属糊涂。

九日，又说：

> 至于弃置新疆之说，皇考偶向朕与王大臣等商及，以为从前原不应料理，非谓目下也。比时询谋佥同，力奏其不可，张照即在与议之列，皇考深以为然。今张照以为密奉弃置之谕旨，且将此转告哈元生，错谬已极。可令张广泗传谕哈元生知之（《清实录·高宗纯皇帝实录》）。

应当指出，黔东西南苗族聚居地，在中国境内，所谓“弃置”，绝不是意味让它从中国分裂出去，而是对少数民族上层分子割据势力听之任之，放弃中央政府对它的行政管辖，从改土归流倒退到土司制度之前的羁縻政策，这显然不利于维护国家的统一和各民族之间经济文化的交流。雍正因苗疆叛乱，后悔改土归流，“以为从前原不应料理”，叛乱平定之后可以考虑“弃置”问题，纯属因噎废食之论，也是张照“弃置”论的根源。乾隆对张照“弃置”论的批驳，表明他维护国家和民族统一之心比雍正更坚定。

张广泗衔命赴黔，到达镇远。雍正十三年（1735）十一月，他将了解到的前方情况上奏乾隆。奏折指出，平叛数月，毫无成效，原因是：第一，起事之初地方官对叛乱的严重性估计不足。巡抚元展成“以熟苗必不致反”，提督哈元生又以为“苗人不难扑灭”，疏忽轻敌。第二，指挥失当。调集来的数万官兵，哈元生只在大路沿途密布，而所用攻剿之师，不过一两千人。东西奔救，顾此失彼。董芳驻守八弓（今贵州三穗县），仅以招抚为可了事，“较之哈元生更无实际”。第三，将帅不和，各行其是。张照于董芳所办之事，极口赞扬，于哈元生所办之事，痛加丑诋，“一切军机事宜，皆各行其意，从无一字相商”。乾隆阅后，降旨将张照革职拿问，元展成、德希寿、董芳拿解京师，哈元生革去扬威将军，暂留提督职，交张广泗差遣（《清实录·高宗纯皇帝实录》）。

雍正十三年（1735）十二月，张广泗集结大军于镇远，确保云贵往来大道的通畅。接着简选将士，面授方略，分兵三路进击。一路攻上九股，一路攻下九股，张广泗自己率一路攻清江下游各寨。乾隆元年（1736）春，又增兵八路攻剿。苗兵在寨破之后，纷纷躲进牛皮大箐。“箐环苗巢之中，盘亘数百里，北丹江，南古州，西都匀、八寨，东清江、台拱，危岩切云，老樾蔽天，雾雨冥冥，泥潦蛇虺”（《清实录·高宗纯皇帝实录》），官军不能进入。张广泗督诸军分扼箐口以坐困之，又旁布奇兵于大箐外，截获从大箐中跑出来的苗兵。继而又重重合围，步步进逼。至乾隆元年（1736）五月，俘获万计，苗兵因饥饿和颠陨死者不可胜数。至六月，张广泗率兵共缴除1224寨，赦免388寨，斩首17600有奇，俘虏2.5万余，叛乱终于被平定。张广泗因功授贵州总督（参见醉雁编：《十全英主——清高宗乾隆》，西苑出版社2010年版）。

叛乱被平定之后，为了稳定苗疆，乾隆采取了四项善后措施。

第一，“永除新疆苗赋”，即“将古州等处新设钱粮，尽行豁免，永不征收”。

第二，在苗疆“建立营汛，分布官兵”。

第三，“苗民风俗，与内地百姓迥别，嗣后一切自相争讼之事，俱照苗例完绪，不必绳以官法。至有与兵民及熟苗关涉之案件，隶文官者仍听文员办理，隶武官仍听武弁办理，必秉公酌理，毋得生事扰累。”（《清实录·高宗纯皇帝实录》）

第四，将“逆苗绝户田产”，令兵丁屯种。对于这一措施，协办吏部尚书事务顾琮、云南总督尹继善、两广总督鄂弥达都提出反对意见。他们认为，“招募屯田，尽夺生苗衣食之地”；日后苗民“必聚众拼命”；“屯丁不能自耕，仍须召苗耕种”；“久之视同奴隶，苗民既衣食无赖，又兼役使鞭笞”；“恐不出十五年，古州之事复见矣”。但张广泗实行兵屯态度坚决，表示愿“以身家相保”。他多次上疏力排众议，指出“新疆未垦之地甚多”；“原不必以日后之地少人多为虑”；“屯军凌虐苗民，实为目前第一紧要事”，应拟定章程，设法防止：一方面禁止屯军“请人佃种”，另方面饬令屯田“与苗民标明界址，以免搀越侵占”。乾隆终于同意了张广泗的意见，于乾隆三年（1738）十月，颁布了约束屯军事宜各款：第一，严禁兵役通事人等下寨采买，应另立市场，定期交易。第二，禁止文武衙门兵役人等滥役苗民，凡雇募苗夫，应给工价，陆路40里为一站，给银8分，苗船逆水30里为一站，顺水80里为一站，给钱1钱5分，随时雇募小工，日给钱8分。第三，递送公文，专责塘兵，不得用苗民。第四，慎选苗疆通事。第五，在苗寨立头人以约束其众。第六，严格屯田界限，不许越界侵占苗民田产，违者计亩论罪。第七，稽察屯户，不守屯规者依法严惩。第八，定期训练屯军技艺。第九，屯田严禁典卖，卖屯田1亩以下笞50，每5亩加1等，卖官田加2等。第十，屯田纳税从乾隆己未年【四年（1739）】开始，上田亩纳米1斗，中田8升，下田6升，每斗加鼠耗8合；每年给百户工食米12石，总旗6石，小旗8石。第十一，在苗疆预筹积贮，动帑采买。第十二，酌增苗疆卫弁。这些规定的主要条款，就是防止屯军对当地苗民的欺凌。同年十二月，据张广泗报告，镇远等六府清出叛苗绝户田共4473亩，山土共33亩，俱拨归屯军（参见《清实录·高宗纯皇帝实录》）。

2.与准噶尔部用兵与议和

西北问题，指的是对蒙古准噶尔部用兵。

清朝北部边疆，东起黑龙江呼伦贝尔，南至瀚海，西界阿尔泰山，北到俄罗斯，是喀尔喀蒙古长期居住和游牧地区。在喀尔喀蒙古以西，是厄鲁特蒙古游牧地方。喀尔喀蒙古的土谢图汗、扎萨克图汗和车臣汗三部，都与清朝保持着密切的地方与中央关系。约在16世纪后期，厄鲁特蒙古已分作准噶尔、和硕特、杜尔伯特和土尔扈特四部。康熙年间，准噶尔部首领噶尔丹曾发动叛乱，被康熙平定。康熙后期和雍正年间，准噶尔部首领策妄阿拉布坦觊觎阿尔泰山以东喀尔喀蒙古的牧场，并派兵掠哈密，又趁西藏内乱之时，进兵拉萨，结果被清军击败。

雍正五年（1727），策妄阿拉布坦去世，其子噶尔丹策凌继任准都浑台吉。当时，准噶尔部北方有沙俄的强大压力。雍正七年（1729），噶尔丹策凌曾对沙俄使者说："看！你们的城市造在额尔齐斯河和鄂毕河上是为什么呢？那可是我的领土啊！"（转引自兹拉特金：《准噶尔汗国史》第383页）在这种情况下，野心勃勃的噶尔丹策凌，力图向东扩张，屡次骚扰喀尔喀蒙古的游牧地区。为了保护喀尔喀蒙古的利益与边境的安宁，雍正七年（1729），清朝决定对准噶尔部西、北两路用兵。北路以侍卫内大臣傅尔丹为靖边大将军，率师进屯阿尔泰山。西路以川陕总督岳钟琪为宁远大将军，率师屯巴里坤。雍正九年（1731）六月，傅尔丹北路军战败于科布多以西200里的和通泊，所部万余人，仅2000人生逃。雍正十年（1732）正月，岳钟琪西路军抗击准噶尔部对哈密的袭扰，无功而还。大学士鄂尔泰弹劾岳钟琪"拥兵数万，纵投网送死之贼来去自如，坐失机会"（魏源：《圣武记》卷8《雍正两征厄鲁特记》）。岳钟琪被削去公爵，降三等侯，而后又被逮捕下狱，险些丢掉性命。

清军西、北二路受挫之后，噶尔丹策凌也被喀尔喀蒙古击败。雍正十年（1732）七月，噶尔丹策凌倾所部进犯喀尔喀蒙古，偷袭塔密尔河喀尔喀亲王额驸策凌牧地（额驸，清朝授予皇室宗女的丈夫以额驸官职，其地位高低，以宗女地位而定），掠其子女牲畜。策凌闻讯，“即以发以所乘马尾誓天”，回师救援，追击准噶尔军。双方交战10余次后，在鄂尔浑河边额尔德尼昭亦即光显寺决战。准噶尔部8万余众被歼1万余人，噶尔丹策凌率余部逃奔。

这时，清廷和准噶尔部都无力应战，双方均有议和倾向。雍正十二年（1734）八月，清廷派遣侍郎傅鼐、学士阿克敦前往准噶尔部议和，主张以阿尔泰山为界划线，准噶尔部坚持以杭爱山为界，首次谈判没有达成协议。

策凌

准部以畜牧为主，因此需要与内地交换手工产品及农副产品。

雍正十三年（1735）春，噶尔丹策凌派宰桑吹纳木克随傅鼐等到北京纳贡，同时携带了约1万张各种动物的皮毛，到肃州（今甘肃酒泉市）出售，竟然售得14200两银子，用部分银两购置了所需的缎匹、绫䌷、茶、布等。这次肃州贸易的成功打动了噶尔丹策凌，他于当年十月又派吹纳木克到京师进表（参见李景屏著：《乾隆王朝真相》，农村读物出版社2003年版）。

此时，乾隆已经登基。他对准部的方针是议和。雍正十三年（1735）十月十日，颁谕说：

> 盖大兵之兴，原欲保护喀尔喀等。若旷日持久，我兵屯驻之地，悉喀尔喀之地，一切需用牲畜及游牧行走，不免有害于喀尔喀之生计，既于喀尔喀等无益，而糜费国帑，劳瘁兵力，常在极边屯驻，亦非国家之长计远虑（《清实录·高宗纯皇帝实录》）。

正在这个时候，乾隆接到噶尔丹策凌书信，并遣回两名被虏清军。这显然是准部做出的议和姿态。乾隆审时度势，也做出部署：

> 朕思准噶尔请和与否在伊，而防守在我。疆域既固，彼若请和，则允其所请；倘不请和，伊不得交易货财，数年之后，自致匮乏（《清实录·高宗纯皇帝实录》）。

这几句话概括起来，就是以防守对进攻，以断绝贸易逼对方和谈。不过，对于驻扎在前线数万清军是撤还是留，乾隆很费思量。他在给大将军庆复的谕旨中说，准部虽二三年内不至于起事，但“惟数年之后，我兵尽撤，伊若潜过阿勒台山梁（阿尔泰山梁），扰动喀尔喀等游牧地方，惟时归化（今内蒙古呼和浩特）城兵不能速到，必至喀尔喀等寒心”；若一味坐守，则数万兵丁钱粮，“又作何计较？”（《清实录·高宗纯皇帝实录》）雍正十三年（1735）十二月，乾隆要求总理事务王大臣，就撤兵和防守问题进行商议，并征询喀尔喀蒙古首领们的意见。总理事务王大臣经讨论建议，鄂尔坤贮米甚多，可留驻5000兵丁，而归化城亦应留驻6000人（《清实录·高宗纯皇帝实录》）。乾隆元年（1736）正月，署宁远大将军查郎阿也建议，于哈密城留驻5000兵丁，在布隆吉、赤靖等处，留驻5000兵丁（《清实录·高宗纯皇帝实录》）。

在这关键时刻，噶尔丹策凌又派遣吹纳木克到京。他带来噶尔丹策凌的表文，仍坚持原先提出的分界线。正月十七日，乾隆在接见吹纳木克时指出：“朕知噶尔丹策凌（零）本无求和之意，特借此牵率奏请，希图通市之利耳。”并说，“噶尔丹策凌（零）能体朕意，谨遵皇考原旨定界，可再遣使来。不然，亦无庸

再遣。”（《清实录·高宗纯皇帝实录》）

吹纳木克在京期间，乾隆宣布从西北撤兵，仅在鄂尔坤留驻5000兵丁，另派1000防守鄂尔坤城仓库。此外，以喀尔喀兵1000名留守乌里雅苏台（《清实录·高宗纯皇帝实录》）。乾隆选择准部使者在京时宣布撤兵，无疑是向准部表示议和的诚意。同时，乾隆还宣布，让吹纳木克留住数日，进行贸易。但此次划界谈判，又未成功。

乾隆二年（1737）闰九月，噶尔丹策凌通过喀尔喀蒙古的额附策凌，向清朝转达要再次派使赴京的愿望，乾隆同意了这一要求。乾隆三年（1738）正月，准部使者达什等至京，带来了噶尔丹策凌的表文，并献貂皮31张。噶尔丹策凌表文说：

“向来阿尔泰山本系我部游牧之地，若尽令移住山阴，恐地窄不能容纳多人，请嗣后喀尔喀与厄鲁特各照现在驻牧，无相掣肘，庶彼此两安，以广黄教，以息群生，伏祈大皇帝鉴悯。”（《清实录·高宗纯皇帝实录》）

乾隆阅后，认为奏疏“甚属恭顺，其事有易竟之机”，遂决定派侍郎阿克敦为正使，御前三等侍卫旺扎尔、乾清门头等台吉额默根为副使，随达什等一同赴准部议和。但是，准部使者又通过策凌转达噶尔丹策凌的口头要求，要清政府的卡伦（哨所），“稍向内移”。乾隆三年（1738）二月十二日，乾隆在正大光明殿接见达什等人，回答噶尔丹策凌提出的问题。关于划定牧界的问题，乾隆指出：

（噶尔丹策凌奏疏中）“但于分界之处，仍未指明，尚属朦混。蒙古游牧无常，冬夏随时迁徙，若不指定山河为界，日后边人宁保无争乎？必彼此各守其界，无得逾越，庶可永固和好。若噶尔丹策凌未尝明谕尔等，尔等自不敢擅议，朕当另遣大臣前往，与噶尔丹策凌详悉定议。”（《清实录·高宗纯皇帝实录》）

关于卡伦亦即清军哨所内移，乾隆明确回答：“卡伦之设，由来已久，于今岂得议移！”（《清实录·高宗纯皇帝实录》）断然拒绝了准部要求。乾隆三年（1738）三月，侍郎阿克敦，侍卫旺扎尔等衔命赴准部。双方几经磋商，最后达成以阿尔泰为界的牧区划分协定。乾隆三年（1738）十二月，噶尔丹策凌派哈柳等随阿克敦至京进表。在表中，噶尔丹策凌提出：

第一，“今议定界，请循布延图河，南以博尔济昂吉勒图、乌克克岭、噶克察等处为界，北以逊多尔库奎，多尔多辉库奎，至哈尔奇喇博木、喀喇巴尔楚克等处为界。我边界人等，仍在山后游牧，不得越阿尔台（泰）岭。其山前居住蒙古部人，只在扎卜堪等处游牧，彼此相距辽远，庶可两无牵掣”（《清实录·高宗纯皇帝实录》）。

第二，准部对于清政府在科布多筑城驻兵心存戒虑，希望在准部境内距科布多甚近的布延图、托尔和两个卡伦稍稍内移。

第三，班禅额尔德尼五世是厄鲁特蒙古掌教大喇嘛，其时已圆寂，请求派人“赴藏诵经布施”(《清实录·高宗纯皇帝实录》)。

对于牧界划分地点，乾隆表示同意；关于卡伦移动，坚决不允。为了消除准部疑虑，乾隆答应不在布延图、托尔和二处筑城驻兵，只于每年应略地时，各遣20人至30人前往巡视，约不相害。“如此区处，尔之猜疑亦可尽释矣”(《清实录·高宗纯皇帝实录》)。至于班禅额尔德尼五世圆寂，欲派人进藏诵经布施之事，乾隆同意，而且表示可以遣官弁护送，但诵经人数限定100名（参见李景屏著:《乾隆王朝真相》，农村读物出版社2003年版）。

乾隆四年（1739）二月，哈柳带着乾隆答应的条件返回准部。十二月，哈柳又到京都。他所带来噶尔丹策凌的表说:“托尔和、布延图两卡伦不妨仍旧。”但赴藏人数限定100名太少，请求增至300名(《清实录·高宗纯皇帝实录》)。哈柳还口头要求允许准部人到北京和肃州贸易，其中4年1次赴京交易，人数不超过200名；4年1次赴肃州贸易，人数不超过100名。乾隆批准了准部的这些要求(《清实录·高宗纯皇帝实录》)。

经过4年的谈判，喀尔喀蒙古与准噶尔蒙古的牧界划分终于尘埃落定。雍正皇帝曾提出的准部息兵议和的方针，时至今日，终于由乾隆实现了。牧界的划定使清廷结束了西南西北两面作战的困窘局面，促进了清朝的统一。在划界谈判过程中，乾隆有两点原则：①以阿尔泰山作为划定准部与喀尔喀蒙古牧地的界线，阻止了准部对内的骚扰，维护了边境的安宁；②坚持卡伦位置，不仅可以防范准部，而且还意味着清廷在国家地域范围内行使防卫的权力。牧界划定后，人们无一不额手称庆，噶尔丹策凌摆宴庆祝，他说："如今和天朝和好了，准做买卖。今年买卖很好，我如今要打发哈柳去请安谢恩。"(《朱批奏折·民族事务类》案卷一百四十五第七号，第一历史档案馆）乾隆五年（1740）以后，准部依照协议纳贡、贸易，与中原的联

"改土归流"遗址

系大大加强，促进了民族团结。

对西南用兵，坚持改土归流政策，对西北息兵，与准部议和，划定蒙古两部的牧界，这一战一和都取得圆满成功。年轻的乾隆完成了先帝未竟之业，初显其治理庞大中华帝国的杰出才能（参见唐文基、罗庆泗著:《乾隆传》，人民出版社1994年版）。

乾隆十年（1745）噶尔丹策凌去世，由其嫡出的次子那木扎尔嗣位。那木扎尔生性残暴，不但不听同母姐鄂兰巴雅尔的规劝，反而指责姐姐欲效法彼得大帝的女儿想自立为女皇（彼得大帝之女于1741年发动政变登上俄皇的宝座），并将胞姐拘系。

鄂兰巴雅尔之夫帮助那木扎尔的庶兄喇嘛达尔扎发动政变，推翻了那木扎尔。庶出的喇嘛达尔扎在嗣汗位后，遭到准噶尔贵族达什达瓦、达瓦齐等人的反对。他们密谋另立噶尔丹策凌幼子策旺达什，这一图谋却被喇嘛达尔扎察觉，喇嘛达尔扎立即逮捕达什达瓦、策旺达什，只有达瓦齐得以逃脱，时为乾隆十五年（1750）。

达瓦齐投奔策旺阿拉布坦的外孙——辉特部首领阿睦尔撒纳处。乾隆十七年底（1753年初），阿睦尔撒纳率精兵千余间道杀入伊犁，弑杀喇嘛达尔扎，拥立达瓦齐为准噶尔汗。达瓦齐当上准噶尔汗后，因杀了阿睦尔撒纳的岳父达什而使得达瓦齐同阿睦尔撒纳之间的关系开始恶化。

乾隆十九年（1754）初，阿睦尔撒纳要求同达瓦齐分治准部遭到拒绝，彼此发生激战，在被达瓦齐击败后阿睦尔撒纳便率部众投奔清廷。同年底，乾隆在避暑山庄接见阿睦尔撒纳，详细地了解了准噶尔内部分崩离析的状况。准部内乱为清廷彻底解决准部问题提供了有利的机会，尽管清军西征的准备并不充分，但乾隆还是当机立断，决定出兵伊犁。

乾隆二十年（1755）二月，清军兵分两路向伊犁挺进，北路由班第率领，阿睦尔撒纳为副将；西路由永常率领，阿睦尔撒纳的同母兄长——和硕特部首领拉藏汗的孙子班珠尔为副将。由于副将全是准部首领，并由他们打着准部的旗号走在前面，各部落望风而降。大军所过之处准部贵族“携酪献羊马络绎道左，师行数千里，无一人抗颜者”（魏源《圣武记》卷四），堪称势如破竹，兵不血刃。该年五月，两路大军在伊犁东北面150公里的博罗塔拉河会师。该地水足草茂，是理想的屯兵之处。

毫无作战准备的达瓦齐仓促征集军队应战，当他意识到无法同清军抗衡、伊犁难保后，乘清军尚未抵达伊犁，率领宿卫、亲兵1万人从伊犁撤出，据守在伊犁西北90公里的格登山。士气高涨的清军在渡过伊犁河后便向格登山挺进，并在夜晚抵达。清军利用夜色的掩护，派降清的准部小头目阿玉锡率20多名骑兵侦察到达瓦齐营地的道路。

熟悉当地地形的阿玉锡不仅摸进达瓦齐的大营，还对酣睡中的敌兵发起突然攻击，“大呼入其营”，达瓦齐部“万众瓦解”，如惊弓之鸟的达瓦齐仅带领2000余人乘月黑风高远逃，其余8000人皆不战而降。如丧家之犬的达瓦齐一路狂奔，等他翻过冰岭抵达南疆时，身边的随从只剩下百余人。

达瓦齐带着残兵败将驻扎在喀什噶尔附近，乌什伯克霍集斯派遣弟弟携带羊羔美酒前往慰问穷途末路的达瓦齐，并请达瓦齐到乌什城暂住。达瓦齐以前曾有恩于霍集斯，对霍集斯不忘故交、雪中送炭的行为非常感动，便携部前往乌什，但在途中遇到了伏兵的袭击，设伏兵的不是别人，恰恰就是霍集斯。

达瓦齐被押送到北京，乾隆封他为亲王。清军在兵不血刃地占领伊犁后，还擒获当年逃亡到准噶尔的罗卜藏丹津，因当年雍正对罗卜藏丹津颁过免死令，乾隆也册封其为亲王。由于准部尽入版图，乾隆二十年（1755）六月，乾隆命何国宗及传教士傅作霖、高慎思等人前往新疆实地测量，绘制地图，以便对《大清一统志》进行补充。与此同时，乾隆也下达撤回清军主力的命令，以解决军粮供应匮乏的问题，只留班第率领1500名士兵（一说500名）驻扎伊犁。

在平定达瓦齐后，为防止准噶尔势力再度膨胀，遏制阿睦尔撒纳称雄西陲、总管四部的勃勃权欲，乾隆坚持在西蒙古沿袭四汗分立的传统。

西蒙古四部（亦称四卫拉特）由准噶尔、和硕特、土尔扈特、杜尔伯特所组成。准噶尔部以伊犁为游牧地，和硕特以乌鲁木齐为游牧地，土尔扈特以塔尔巴什台为游牧地，杜尔伯特则以额尔齐斯为游牧地。明清之际，和硕特部在准部的军事支持下东进青海并控制西藏，其故地则由准部占领；而当土尔扈特部向伏尔加河下游迁徙时，杜尔伯特下属的辉特部则占领土尔扈特的游牧地。因而当清军占领伊犁后，西蒙古依然保留着四部，只不过由辉特部取代了土尔扈特。乾隆封阿睦尔撒纳为双亲王，并封他为辉特汗，封阿睦尔撒纳同母异父的兄长巴珠尔为和硕特汗，封车凌为杜尔伯特汗，封噶勒斯多尔济为准噶尔汗。

阿睦尔撒纳对乾隆的册封极为不满，强调准部对噶勒斯多尔济为汗心中不服，并向班第重申“我等四卫拉特与喀尔喀不同，若无总统之人，恐人心不一，又生变乱”。尽管班第遵循乾隆密谕，一再向阿睦尔撒纳陈述：清军西征伊犁是为了平定准噶尔，不是帮助阿睦尔撒纳来夺取准噶尔的统治权，以期阿睦尔撒纳能幡然省悟，有所收敛。但阿睦尔撒纳仍一意孤行，不仅请从征的三额驸向乾隆推荐自己总管西蒙古四部事务（实际上三额驸根本不敢向乾隆奏请以阿睦尔撒纳总管四部），而且还“隐以总汗自处，擅诛杀掳掠，擅调兵”，不穿乾隆赐给的衣服，不戴赏赐的顶戴花翎，不用清政府的副将军印，而“自用珲台吉菊花篆印”（一说用噶尔丹策凌的小红印）；在同各部交往中讳言降清，只说统领满、汉、蒙古军队来到伊犁，又“与其党晓夜聚谋，诡秘莫测”。

为了扩充实力，阿睦尔撒纳掠夺人口、牲畜，还把没收的达瓦齐的千余匹驼、马及两万多只羊侵吞。乾隆在得悉阿睦尔撒纳有称霸西陲之意以后，决定把变乱消灭在萌芽之中，令阿睦尔撒纳入京朝觐，并令从征伊犁的蒙古亲王额琳沁多尔济陪同来京。表面上，阿睦尔撒纳于乾隆二十年（1755）七月初七动身表示要进京，实际上与同党“密商竟夜”商讨对策。乾隆在给班第的密令中指出：阿睦尔撒纳不会来京，“势必在塔尔巴哈台游牧处逗留”，务必“加意探访，一得信息”，即派人带兵擒拿（参见李景屏著：《乾隆王朝真相》，农村读物出版社2003年版）。

情况确如乾隆所料，阿睦尔撒纳在行至乌隆古——距其妻子牧地很近的扎布那河一带时，便向奉命监视其入京朝觐的土谢图汗部亲王额琳沁多尔济提出要回一趟家，带一些换洗的衣服。尽管有人忠告额琳沁多尔济：阿睦尔撒纳在伺机逃跑，但额琳沁多尔济还是满足了阿睦尔撒纳的要求，结果是阿睦尔撒纳一去不回，“由额尔齐斯河间道北逸”，携眷属逃跑，时为乾隆二十年（1755）八月十九日。

阿睦尔撒纳率先为叛，“伊犁诸喇嘛、宰桑蜂起应之”，阿睦尔撒纳派遣亲信带兵分路劫掠清军在伊犁的驻地，并派人截杀从伊犁撤出的清军将士。而此时率6000将士驻守木垒的定西将军永常擅自撤回巴里坤。在魏源看来，永常“自木垒南撤军巴里坤，并移军粮于哈密，故北路无声援，酿成大败”。擅自撤军无疑会造成军心混乱，但木垒距伊犁750公里，在伊犁遭受突变的情况下，千里之外的木垒的确是远水救不了近火。

面对突然发生的叛乱，驻守伊犁的定北将军班第与参赞大臣鄂容安（鄂尔泰长子），仅凭千余（一说500）兵士守伊犁，的确是很难应付的。班第是位很能应变的人，这位出自蒙古博尔济吉特氏家族的官员在第一次平定金川期间曾建议乾隆起用岳钟琪。乾隆十五年（1750）当他出任驻藏大臣时果断地平定藏王珠尔墨特那木扎勒及其党羽所发动的叛乱。然而面对阿睦尔撒纳所发动的叛乱，班第却无回天之力，当他率领军队从伊犁撤退时又陷入围困，为了维护朝廷的尊严，班第与鄂容安在突围无望的情况下自尽而亡。

从伊犁成功突围出去的官员只有兆惠。兆惠隶属满洲正黄旗，是乾隆的祖母——孝恭仁皇后乌雅氏的侄孙。雍正年间，他以笔帖士入仕，雍正九年（1731），开始担任内阁中书。乾隆即位后，兆惠先后担任过刑部侍郎、正黄旗副都统、镶红旗护军都统，为平定金川的傅恒督运粮饷，以及正黄旗护军都统、户部侍郎。

乾隆十九年（1754），当阿睦尔撒纳向清政府投降并受到乾隆接见时，兆惠坚决支持乾隆平准的决策，并自请随军。乾隆命兆惠到乌里雅苏台为大军督运军粮。当清军占领伊犁、生擒达瓦齐后，兆惠也留在伊犁。当兆惠得悉阿睦尔撒纳发动叛乱后，他率领部下且战且退，鄂垒、库图齐、达勒奇都留下他们喋血苦战的印记，累计歼敌数千。当他撤至乌鲁木齐时，那里也已经被叛军占领，只得继续转战，他们一度被叛军围困，甚至以疲马羸驼充饥，当他们同援军会合时，几乎是在冰天雪地中光着脚走回巴里坤。从乾隆二十年（1755）十一月突围到第二年正月回到巴里坤，在缺乏给养、缺少援军的情况下连续作战近3个月，长途跋涉500多公里，兆惠才率领部下挣脱死亡的深渊。

清政府第一次征准噶尔出奇的顺利，同准部内乱、阿睦尔撒纳的降清有着直接的关系。在兵不血刃占领伊犁的辉煌战果下，掩盖着新的危机——阿睦尔撒纳企图利用清军远征击败达瓦齐，夺取准噶尔汗之位并进而控制整个西蒙古的野心因军事上的胜利而急剧膨胀；清军因仓促远征无法在短期内解决数万大军的粮草转运问题，在击败达瓦齐后不得不撤出主力，其所造成的鞭长莫及的现状又给了阿睦尔撒纳可乘之机；诚可谓“福兮，祸之所倚”。

乾隆在乾隆二十年（1755）十一月任命策楞为定西将军，任命扎拉丰阿为定边右副将军，筹办再次进兵伊犁事宜，揭开第二次征准的序幕。第二次征准，不仅要对付阿睦尔撒纳及其同党，还要对付那些响应阿睦尔撒纳的西蒙古四部的大小头目。在阿睦尔撒纳发动叛乱后，乾隆在热河行宫（承德避暑山庄）接见前来朝觐的西蒙古各部贵族，改封巴雅尔为辉特汗、沙克都为和硕特汗、噶尔藏为准噶尔汗，但这些新册封的汗一回到西陲就成了阿睦尔撒纳的支持者，在西蒙古四汗中只有车凌汗约束部众，未卷入阿睦尔撒纳所发动的叛乱。

比世俗封建贵族更难对付的则是披着宗教外衣的分裂分子。阿睦尔撒纳在发动叛乱后的第五个月——乾隆二十年十二月（1756年初）才进入伊犁，在伊犁即汗位。而在此之前，在伊犁兴风作浪、袭击清军的主要是伊犁的那些喇嘛。正像乾隆所指出的：“此番伊犁扰乱，半由喇嘛从中作恶。”由于蒙古各部对喇嘛教信奉极深，对从乱喇嘛的处理就要相当谨慎。为此乾隆告诫策楞：“应将喇嘛中起意倡乱之人即行正法，其情罪稍有可原者，量从宽典。”换言之：首恶者处死，胁从者从宽，总之要体现区别对待。

此外，乾隆还要及时解决一系列突发事变。

土谢图汗部亲王额琳沁多尔济，原本是随同清军远征达瓦齐的，在奉命监视阿睦尔撒纳到京觐见的过程中，竟然疏于防范，听信阿睦尔撒纳的谎言，使其得以逃脱，发动叛乱，破坏了乾隆防患于未然的部署，不得不筹备第二次征准。实际上乾隆最担心的就是“不能安静守分”的阿睦尔撒纳途中逃脱，在乾隆二十年（1755）六月二十八日发出的密谕中明确指出：“阿睦尔撒纳若仍未起程，班第等既行密商，将其擒拿”，“如阿睦尔撒纳起身前来，则俟伊到时，朕当另行处理”（参见李景屏著：《乾隆王朝真相》，农村读物出版社2003年版）。

阿睦尔撒纳的叛逃使得伊犁局势急剧恶化，而这一切本来是可以避免的，为此乾隆下令逮捕对此负有不可推卸责任的额琳沁多尔济，并赐其自尽。乾隆对额琳沁多尔济的严厉处理使得给阿睦尔撒纳通风报信、致使阿睦尔撒纳逃走的喀尔喀贵族——扎萨克图汗部所属和托辉特部郡王青衮咱卜如坐针毡，一旦乾隆查清泄密者的身份，青衮咱卜肯定会受到比额琳沁多尔济更严厉的处置。于是青衮咱卜利用额琳沁多尔济被处死一事煽动喀尔喀贵族对清政府的不满情绪，致使由喀尔喀负责的台站全部瘫痪，乾隆同平准将领的联络完全中断，“于是各降夷亦皆变”，西征局势危如累卵，千钧一发，乾隆第二次平准遇到严重挫折。

乾隆对额琳沁多尔济的处置的确有些操之过急，如果等到平定阿睦尔撒纳后再行处置，青衮咱卜就很难掀起那么大的波澜，撤台之变也许是可以避免的。但乾隆毕竟是位长于应付突发事变的君主，为了扭转极为不利的局面，他一方面任命喀尔喀赛因诺颜部部长策凌——康熙第十女的额驸——的儿子成衮扎布为定边左副将军，带兵擒拿青衮咱卜；另一方面派遣在蒙古各部有绝对权威的哲布尊巴丹活佛（额琳沁多尔济之弟）、章嘉活佛，召集喀尔喀各部王公会盟，以安定喀尔喀贵族的情绪，并将擅自撤回的台站人员召回，仍旧当差，使被撤的台站很快得到恢复，从而化险为夷。

在台站恢复后，乾隆立即命令成衮扎布、兆惠大举进军，一举挫败阿睦尔撒纳所发动的叛乱，收复天山南北的广大地区，时为乾隆二十二年（1757）三月。虽然清军未能生擒阿睦尔撒纳，但侥幸逃脱的阿睦尔撒纳身边只剩下二十几个侍从，而且是走投无路，到该年六月逃到沙俄，并于八月二十日死于天花。

历经康、雍、乾三朝近70年（康熙二十九年至乾隆二十二年，1690—1757）的经营，清朝统治者终于彻底平定威胁北部、西北部地区的准噶尔部（参见李景屏著：《乾隆王朝真相》，农村读物出版社2003年版）。

3. 渡海作战镇压叛乱

乾隆执政时期战争不断，但大多是对内战争，即平定叛乱和镇压起义。乾隆初期到中期，主要以平定叛乱为主；到后期，由于封建制度的很多不合理性，民怨积深已久，所以爆发了很多农民起义，朝廷多次派兵镇压，遂发生了很多镇压起义的战事，其中以镇压台湾起义尤为著名。乾隆曾把这次的镇压归入他的“十全武功”之内。

在雍正年间，土地兼并活动激烈，很多农民被迫抛售土地而无事可干；再者当时在南方，特别是沿海一带，商品经济发展得很好，对搬运工的需求量很大。那些没有了土地的农民需要活计，只好去沿海一带寻找工作，但这种生活极其不稳定，没活干时便产生了一大群无业游民。在封建社会弱肉强食的社会背景下，农民们遭受各种打压和剥削，实在无法存活，所以发展到乾隆末期时，民间形成了一个有组织的集会力量，名叫“天地会”。

天地会的最早发源地是福建和广东地区的运输沿线，那些地区存在大量的弱势群体。一开始，天地会的目的仅是起到团结弱势，保护自己的生存和维持生活，并没有一个完整的规章制度和合理的宗旨，但其在雍正末年经过改组，变成了一个较严密的组织。改组后的天地会以反清复明、替天行道、劫富济贫等为口号，反映了当时平民的生存要求。

乾隆五十一年（1786）的台湾起义就是一次天地会领导的暴力反抗清政府的人民起义，又称“林爽文起义”。这是乾隆后期规模最大的农民起义之一，最终被乾隆皇帝坚决镇压。

这次起义的主要原因，在于当时清政府为了搜捕天地会人员，犯下了种种恶行，深为老百姓所痛恨，到了有人揭竿而起遂万人呼应的地步。

清政府原计划抓捕天地会成员押解到县里，但途中遭遇天地会劫人，使原来被捕的犯人逃走，于是台湾总兵率兵追赶，追捕杨光勋和何夜等人。另外张烈等五人逃至彰化县一个村，得到当地天地会首领林爽文的保护。在彰化县知县俞峻派人前去捉拿张烈等人时，林爽文凭着自己地势偏僻，势力强硬，率众拒捕。

同年十一月，台湾总兵柴大纪途经彰化，知县请求柴大纪亲自率兵前去捉拿张烈等一干人犯，但柴大纪不以为然，认为区区几人不用劳烦他堂堂台湾总兵，于是以点兵为名返回城去，只留下300人协同知县前去办案。十一月二十日，俞峻带兵前往，强迫林爽文交出张烈等人，否则就烧毁村庄。林爽文自己也是天地会成员，一经被捕即会被处死，所以他召集千余人，团结众人奋力抵抗。至此，台湾起义正式爆发。

此时，台湾总兵柴大纪并没有向朝廷上报此事，只想在当地镇压林爽文率众抵抗事件。起义爆发后，柴大纪马上派遣兵丁对其进行进攻，但起义军行事聪明，不仅请当地百姓帮忙，而且假装奉知县命令靠拢清军军营，一把火把清军的火药全部烧光，引起爆炸，很多兵丁和将领命丧于此。第二天，起义军又趁势进攻彰化县，并且在沿途不断吸收群众以增强队伍，到达彰化县城时已经有三四千人了。由于下雨，清军的枪炮丝毫不起作用，在城内天地会成员的帮助下，起义军一举攻下了彰化县城，将台湾知府和同知等人就地处决。起义军入城后不仅缴获了大量的粮食，而且取得了很多武器，在军事上进一步扩充了实力。

经此一战，起义军逐渐规模化，不仅人数众多，而且有了粮食和武器，建立了临时性的军事指挥机构。林爽文任大元帅，以彰化县署为府第，杨振国为副元帅，还设有军师、同知、先锋、谋士、大将军等职位，起义军初具规模。他们虽然各自有着不同的职位，但仍按照天地会的规矩互相称兄道弟。

林爽文知道起义必然会遭到朝廷的镇压，所以他不断地扩充队伍。除此之外，他还发布告示，宣布起义行为乃是为了惩治贪官污吏，拯救民众。林爽文没收了很多地主的土地，分给参加起义的农民，还颁布了一系列保护农田、降低米价的措施，以赢得民心，进而扩大起义队伍。

乾隆五十一年（1786）十二月初一，起义军占领淡水厅，尊林爽文为盟主，定年号“天运”，第二年改为“顺天”，乃顺应天命之意。五天以后起义军攻取诸罗，百姓欢欣鼓舞，有人送钱、有人送粮，欢迎起义军的到来。林爽文这边一打出旗号，台湾凤山一带庄大田等人也响应起义，庄大田自己出资，聚集了两三千人，自称“洪号辅国大元帅”。庄大田率军攻打凤山县城一举成功，与南下的林爽文合军，一起攻打台南府的府城。

那边起义军队伍逐渐壮大，大肆攻城，这边清军也没有坐以待毙，也召集各地主进行抵抗。台南府府城由海防同知兼知府杨延理、林庄二人守住了府城，并且数次打败了起义军。但在总体局势上清军还是占下风，连续十几天内被起义军连得数城。此时，乾隆方知晓此事，盛怒之余，以为起义军得到清廷将大军攻击的消息会望风而逃。但当清军到达台湾时，起义军不但没有望风而逃，反而越战越勇，与清军相持了将近一年的时间。在这一年的时间里，闽浙总督常青派福建水师提督黄仕简和陆路提督任承恩率清军四千人征台，先后收回诸罗县城、凤山县城，但不久后再次被庄大田攻占，双方形成拉锯战。“常青初视师，战无功，承恩、仕简以误军机坐斩，台湾平，赦出狱，仕简至狼山镇总兵，承恩亦至副将。”起义军与清军对峙在台湾府城。乾隆知道时局非常严重，他意识到主将的重要性，自己做出了总结：“用兵之道，合则势盛，分则势弱。今贼首林爽文、贼目庄大田等明知重兵俱在常青、蓝元枚两处，而林爽文牵制北路，庄大田牵制南路，使我兵分投堵御，奔走不暇，贼匪得以乘间蹈隙，将南、北两路紧要各港社隘口任意抢占，贼势转得联络，狡计显然，乃常青等为其所愚，止知结营自守，分兵防备。遇贼匪击东应东，击西应西，譬之弈棋，使贼人着着占先，通联一气，而官兵止办。接应并无制胜之策，转致疲于抵御，何时方可竣事。”（《清实录·高宗纯皇帝实录》）于是乾隆派遣自己的得力干将陕甘总督福康安前去台湾镇压。

乾隆五十二年（1787）十一月，福康安奉命率领将官120余名和各地兵将1万余人，号称10万大军渡海到达台湾。福康安带兵多年，经验丰富，在进入台湾之前他也做了一系列的准备工作。首先，他以10万大军的名号威慑台湾起义军，使得他们在心理上产生畏惧。其次，他尽数吸纳从台湾逃过来的地主和知识分子，一方面了解台湾的情况；另一方面广开言路，商

福康安

讨如何镇压起义军。最后，福康安一到台湾就到处张贴告示，瓦解起义军军心，宣布只要有诚意投降，清政府不会再追究其罪责，并且授予官职。如此一来，福康安知己知彼，了解起义军的情况，又给起义军心理上以重创，在作战上取得很大的主动权。

在战术上，福康安利用声东击西的策略，一面攻打林爽文的村庄，一面攻打诸罗，解诸罗之围。经过福康安不到两个月的镇压，林爽文和庄大田相继失败。乾隆五十三年（1788）正月初四林爽文被俘，二月初五庄大田被俘，起义军兵败。

台湾起义军自从起义开始，奋战一年有余，最终失败，其根本原因在于力量相差悬殊。清军有持续不断的粮食和兵员，武器也较为先进，而起义军是由农民组成，完全不懂得打仗，只是因为得到百姓的支持才得以与清政府对峙数月。

在这次镇压战争中，乾隆仍然是犯了轻敌的错误，导致战争持续一年多才取得胜利，消耗了大量的钱财物力。但之后由于他点将有方，将福康安调去镇压起义，最终取得了胜利。这次起义不仅是台湾历史上规模最大的农民起义，也是清代历史上一次规模较大的农民起义。参加起义者，将矛头直指封建官府。从起义的起因、纲领到最后的镇压，揭示了封建统治对人民的剥削与压迫。乾隆皇帝将此次镇压列为其“十全武功”之一，足见林爽文起义的影响之大，对清政府震撼程度之大（参见李默主编:《康乾盛世》，广东旅游出版社2013年版）。

4.严厉打击大小金川

大小金川地处四川的西北部，两地人口不过数万人，其中大金川人口比小金川人口多，大部分是藏民。他们曾经的头领乃是明朝时期被封为土司的金川寺演化禅师，在顺治年间归顺了清朝。在康熙年间，嘉纳巴被封为演化禅师，并且让他的子孙世袭他的职位。

莎罗奔是嘉纳巴的一个孙子，在雍正年间曾被封为安抚使，雍正将大小金川分治，所以莎罗奔其实就是大金川土司，而小金川土司的名字叫泽旺。

莎罗奔的本名是色勒奔，他是个很有野心的人，“莎罗奔”在藏语中是“酋长”的意思，是土司头目的一个称号。莎罗奔人如其名，想自己一人管理各土司，成为领袖。于是他把自己的女儿嫁给小金川的土司泽旺，并在乾隆十一年（1746）劫走泽旺，抢了他小金川土司的印信，统一了大小金川。但他还是贪心不足，扬言要攻打其他土司。

乾隆一开始并不想理会此事，认为这是内部战争，让军机大臣纪山尽量调节各方的矛盾，息事宁人，只要不威胁到清政府的统治就任由其发展。

金川乾隆御碑

随着大金川对小金川和其他土司的吞并，大金川的势力越来越大。此时，莎罗奔已经在谋划独立的分裂活动，他不断勾结党羽，多次骚扰和进攻清军驻所。事件发展至此已经达到很严重的势态，威胁到了地区稳定和清政府的政权稳定，这是乾隆所不能容忍的，所以乾隆由原来的中立态度迅速转变为严厉打击的态度。

乾隆十二年（1747）三月十九日，乾隆派遣曾经征苗立功的张广泗为四川总督，前去平定大小金川，并发下谕旨："苗蛮易动难训，自其天性，如但小小攻杀，事出偶然，即当任其自行消释，不必遽兴问罪之师，但使无犯疆圉，不致侵扰于进藏道路，塘汛无梗，彼穴中之斗，竟可置之不问。"张广泗接到圣旨，调遣集合了3万大军向金川进发。张广泗知道金川一带总人口不过数万，自己挥3万大军前去征剿，自然不费吹灰之力。同年，清军攻下瞻对，莎罗奔释放小金川土司泽旺，并且归还印信（参见王慧敏编著：《乾隆大帝全传》，华中科技大学出版社2013年版）。

小金川虽已妥服，但大金川不但没有妥协，反而动作越发过分，一口气又攻占了几个部落。乾隆此时一改以前不发兵的态度，并再发一道谕旨，命张广泗带兵进入大金川："看此情形，则贼首恃其巢穴险阻，侵蚀诸番，张大其势，并敌扰我汛地，猖獗太甚。""到川之时，务必会同庆复将彼地情形，详加审度，其进剿机宜，作何布置，一切粮饷，作何接济，善为办理。""再瞻对甫经平定，即有大金川之事，揆厥所由，因渠魁班滚未曾授首，无以示威，使之闻风慑服。即报班滚焚烧自缢之处，情节可疑，焉知不诡诈免脱，潜往大金川勾通致衅，张广泗到彼，正可详细访察。”（《钦定平定金川方略》）张广泗遂率3万兵马前去剿灭莎罗奔，他先兵分两路，从西、南两个方向进攻大金川，然后西路又兵分4路，南路又分为3路，总共7路兵马进攻大金川。开战伊始，清军一直进攻得胜，莎罗奔也一路败退。直到后来大金川构筑战碉，一个战碉里只需派六七人就可打退清军数百人，以致清军不得前进。张广泗利用各种方法均不奏效，只好令士兵一味死战，到后来兵将损失严重，且毫无战果。除此之外，张广泗还误用良尔吉，导致消息泄漏。良尔吉是泽旺的弟弟，但他早已霸占泽旺的老婆，并且投靠莎罗奔，一直在暗中向莎罗奔传送消息。所以张广泗不管怎样都是有劳无获。其间，时任经略大臣的讷亲也亲自前去指挥战事，但惨遭重创。

乾隆眼见张广泗毫无战果，于是改变策略，起用久居四川的老将岳钟琪，封他为四川提督，命他前去金川平定战乱。他也不负皇恩，到金川第一仗就直接拿下党坝，但是由于讷亲和张广泗不听劝阻，发兵攻打康巴达，致使清军有大量的死伤，让金川兵马逃跑。岳钟琪将讷亲和张广泗的行为上报乾隆，乾隆十三年（1748）九月，乾隆将张广泗和讷亲革职，并分别押往刑部治罪，同时令傅恒前去统领事务。

再说莎罗奔曾经是岳钟琪的手下，他深知岳钟琪是位能将，自己不是他的对手，而且岳钟琪也曾有恩于他，于是他向清军乞降。岳钟琪将此事告知乾隆，乾隆准许，于是莎罗奔接受安抚，并表示从此以后再不侵犯其他土司，而且归还已掠夺的财富和马匹。除此之外他还答应惩治此次事件的同党，于是，平定金川大功告成。

此事件虽然结束，但金川并不稳定。

在第一次平定金川之战中，清政府接受了莎罗奔的投降，事后莎罗奔也作出了保证。但他可以管住自己，却不能管住自己的子孙后代。虽然清政府在受降以后利用各个土司对大金川进行牵制，但是大金川实力强大并且富有，其不甘心仅统治大金川一区。

乾隆二十三年（1758），莎罗奔又与革布什咱土司发生冲突，于是发兵攻打革布什咱寨，后被四川总督开泰和提督岳钟琪镇压。又过两年莎罗奔病逝，他的侄子郎卡继位。郎卡也很不安分，于乾隆二十五年（1760）派兵攻打并占领了党坝。面对这种状况，清军将领开泰本可以将其一举歼灭，但他却因郎卡的主动出降而罢兵。乾隆对此很不满，于是以领军无方将开泰撤职，任阿尔泰为四川总督。

阿尔泰上任时向乾隆奏请自己的提议，建议利用附近的绰斯甲布等九位土司的力量合攻大金川，朝廷无须再出兵征剿，只要许各土司以利益，他们必定会全力围剿。但阿尔泰带兵前往金川康巴达时，郎卡又装作投降，向阿尔泰行跪拜之礼。与大金川一样，小金川也采用这样的态度，等各土司和清军走远，他就对别的土司进行骚扰和攻打，一旦各土司联合，他就装作俯首称臣，一直如此反复。乾隆斥责了阿尔泰的这种做法，夺去其大学士、总督之位，并于乾隆三十七年（1772），决定永除祸根，彻底消灭大小金川两股势力。从此之后，清军和金川战乱连连，其中胜负一时难以分出，两方都消耗了大量的人力物力，特别是清军。但乾隆已经下定决心根除祸患，如果中途放弃就会令大小金川更加放肆，所以此战持续了5年之久，直到乾隆四十一年（1776）战争才接近尾声。最终清军彻底剿灭大小金川。

乾隆两次平定金川虽然都取得了胜利，但所花费的钱财和耗费的人力都是巨大的。其实，这一切原本都是可以避免的，第一次金川之战完全可以以岳钟琪一人之力化解，然而乾隆却错用张广泗。第二次金川之战也可以合九土司之力把金川一举消灭，但清政府否定了阿尔泰“以番攻番”的策略。乾隆此时已经打昏了头脑，穷兵黩武，他自己并没有意识到这一点，甚至在晚年时还认为此战是他“十全武功”里的首功。

这两次战争的胜利，对清政府的损耗极大，对川西地区的破坏和影响也很大。在将金川叛乱平定之后，乾隆明白金川地区如果有朝廷势力的存在，就很难保证当地的正常秩序，于是乾隆又采用了一系列的善后事宜：

（1）在八底、巴旺各立土千户，责令革布什咱管辖；

（2）扎实诺尔布从军出力，由他承袭革布什咱土司，给予封号；

（3）金川既还之前侵占诸土司地，应与各土司联为一气，息事宁人；

（4）小金川土司泽旺与沃日女土司泽尔吉联姻；

（5）泽尔吉仍护理沃日土司印务；

（6）小金川被毁碉房宜督修；

（7）小金川副土司大小郎素宜分别安插；

（8）郎卡之异母兄弟土舍旺尔吉先前投诚清军，今事竣不能回寨，应交其母舅安插；

（9）加衔奖励各土司；

（10）各部土司请加级以示鼓励；

（11）严禁汉人出入番地；

（12）赎回番民所典买汉地，嗣后禁止汉人将土地私售番民。

乾隆的这些善后工作使得金川局势稳定，为整个中华民族的统一作出了不可磨灭的贡献（参见王慧敏编著：

《乾隆大帝全传》，华中科技大学出版社2013年版）。

5.服缅甸，征安南

中缅两国在清初时还没有官方联系，但民间来往频繁。

乾隆二十年（1755）起，缅军时常侵扰清朝边境。乾隆二十七年（1762）冬，缅军对清朝的云南边境发动了进攻。泱泱大国，岂能受小国之辱。乾隆一向认为“我大清国全盛之势，何事不可为”，于是便在收复失地之后，接受了云贵总督杨应琚的建议，于乾隆三十一年（1766）出征讨伐缅甸。

乾隆三十一年（1766）正月，清廷派大学士杨应琚前往云南督战，杨应琚指挥军队连连大捷，很快收复了被缅军占领的地区。杨应琚在取胜后非常轻敌，结果在后来的战役中大败而归，被乾隆帝赐死。

明瑞

乾隆三十二年（1767），清廷又派明瑞出征缅甸。不幸的是次年二月，在快要逼近缅甸国都阿瓦（今缅甸曼德勒）时，由于孤军深入，粮草不济，清军打了败仗，明瑞自缢身亡。

这是一次穷兵黩武而又毫无所获的战争，先是杨应琚惨败，继之明瑞身亡，在连连受挫之下，乾隆不得不派出朝廷重臣傅恒，命傅恒为经略，阿里衮、阿桂为副将军，舒赫德为参赞大臣。毫无疑问，这是乾隆于缅甸之战抛出的最后一张王牌，是一次只能胜不能败的战争。

乾隆三十四年（1769）二月，傅恒率13600余名满蒙士兵出征。临行前，乾隆在太和殿授予他敕印，并将自己的甲胄送给他，以示对他的信任和期望。傅恒明白此行任务之重，因而，当他抵达云南之后，便不顾当地气候的恶劣，不听众人宜待霜降瘴消之后出师的建议就马不停蹄地出兵入缅。

乾隆三十四年（1769）三月，傅恒率军抵达云南。四月，傅恒视察了永昌、腾越的防守，着手进行战前准备。他了解到缅军防守“专恃木栅”，而清军寻常的火药炮弹对它无用，便到处寻访可以造大炮的人，以应对木栅。

傅恒又召集将领商议进攻策略，讨论过后，傅恒决定水陆并进，两面攻取。

乾隆三十四年（1769）七月二十日，傅恒祭旗领兵出发缅甸，只留阿桂督造战船。这期间，缅甸天气变化多端，气候异常，加之清军人地生疏，常常迷失方向，清军再深入就很困难了。后来，当地的瘴气越来越重，清军死伤无数，傅恒只好奏报乾隆，乾隆得知兵丁病情严重，便令他撤兵。

眼看战争无法继续，副将阿里衮已战死，傅恒此时也卧病在床，虽有乾隆的撤兵圣旨，但傅恒觉得难以复命，仍然坚守战场。这时，情况出现了转机，阿桂的战船截断了缅军东西岸的联系，加上清军的步步紧逼，缅甸向清廷提出了求和。

乾隆三十四年（1769）十二月，缅甸答应清方提出的10年一贡的条件，请求乾隆批准协议。乾隆批准，征缅战争结束。乾隆三十五年（1770）三月，傅恒班师还朝。七月，傅恒病逝。乾隆下令以宗室镇国公例丧葬，谥号“文忠”（参见董思谋编著：《清高宗乾隆传》，河北人民出版社2016年版）。

乾隆五十三年（1788），安南大乱。安南国被阮姓攻破黎城，国王黎维祁出逃，安南大臣阮辉宿、黎炯为保护王子等人被阮兵追杀。

安南位于广西、云南边界以外。上古时代，安南名南交、越裳，秦朝时在此设象郡，唐朝时朝廷在安南设置都护府。明永乐年间，朝廷在安南设置布政司，宣德年间，改封黎氏为安南国王。

自明朝建立以来，安南国每年都向朝廷纳贡。嘉靖年间，安南权臣莫登庸篡位。安南国王黎维潭在旧臣郑、阮两家的协助下复国，此后郑、阮两家便成为左、右辅政。后来右辅政郑检借机将左辅政阮璜排挤掉，自号广南王，实际掌握国家大权，阮、郑两家从此结为世仇。

乾隆五十一年（1786），郑检去世，阮光平乘机发兵，攻破国都东京黎城，杀死郑检的儿子郑宗，阮氏又独家执掌了军政大权。乾隆五十二年（1787），安南老国王去世，黎维祁继位，原郑检之臣贡整想扶黎抗阮，阮光平遂派大将阮任领兵数万攻克黎城。贡整战死后，黎维祁逃匿于民间。阮任占据东京，似乎也表现出称王的雄心壮志。于是，乾隆五十三年（1788）夏，阮光平再次发兵东京，将阮任诛杀，假意请黎维祁复位，黎维祁知其心怀叵测，哪里敢出山？阮光平被拒，一怒之下尽毁王宫，挟子女玉帛回富春，留兵3000驻守东京。

乾隆从五十三年（1788）六月十七日获悉安南大乱起，一直下谕强调“兴灭继绝”，帮助安南王孙驱逐阮氏，恢复王位，但仅仅只是谕令黎维祁及其安南臣民起兵逐阮。清政府以两广总督孙士毅的名义发布斥责阮氏的檄文，扬言要派大军出征，可是乾隆这时并未真正决定要出关作战，数千名官兵均在边界屯驻。直到八月二十七日，乾隆对安南的态度才有了重大的改变。

乾隆见黎维祁被阮军所逼，竟然带着随从数人，入山藏匿起来，便认为黎维祁“看来竟是一无能力之人，难望其振作恢复”，而阮光平、阮文岳兄弟，见到两广总督孙士毅的檄文，就“畏惧遁逃”；阮光平的心腹潘启德，一接檄文即离开叛匪，归顺清朝，可见出兵容易成功。就这样，乾隆决定正式出兵安南，并下了出兵的圣旨。

清军向安南阮光平进攻的“兴灭继绝”之战很快拉开了帷幕。乾隆应孙士毅的请求，批准他统领1万大军出关，作为正兵，又令云贵总督富纲派出8000士兵交付云南提督乌大径统领，作为偏师。大军将由云南蒙自出发，进攻安南的宣光、兴化等处。

决策已定，出征在即，两广总督孙士毅迅速调兵遣将，筹备粮饷。乾隆深知安南正值节年荒歉，谕令设台安站，从内地转运军粮。他在云南、广西两路共设下台站70余个，保证了军粮的供应。考虑到富良江地居险要，预测阮光平必定严加防守，官兵难以径渡，但该江江面辽阔，敌军不可能处处设防，因此，他指示孙士毅一面督兵佯装攻击，吸引敌军的视线，一面遣派许世亨领兵从上游或下游进击，认为只要攻其不备，敌军势必纷纷溃散。

孙士毅沿用乾隆所授的这条“偷渡之计”，果然行之有效。清军排列大炮多门，隔着缭曲的江水轰打，佯装一定要渡过此江，暗地里却由总兵张朝龙统领两千精兵，在上游20里水流缓慢处用竹筏渡江，抵达岸边，与驻守的阮军厮杀。正在这时，上游官兵已绕到敌军背后，居高临下，一起冲向敌军，声震山谷，形成前后夹攻之势。阮军不知身后的清军从何而来，顿时乱了阵容，全军崩溃，死伤者数千人。

孙士毅的战绩令乾隆十分高兴，他及时对有功之臣进行赏赐，赏给孙士毅一柄玉如意，一个御用汉玉扳指，三对荷包；赐给许世亨一个御用玉扳指，三个荷包；赏张朝龙、李化龙、尚维继各一对荷包；其他有功的将士，也分别得到了赏赐。乾隆深谙这些经他发放的小恩小惠的作用，属下有功，及时行赏嘉奖，以鼓舞士气，增加干劲，这也是他待人的智慧。过了几天，前方传来孙士毅大败阮兵、攻克东京黎城的消息，乾隆很高兴，晋封孙士毅为一等谋勇公，赏戴红宝石帽顶，并答应等他擒获阮光平将再续降恩旨，以显示对他的恩宠（参见董思谋编著：《清高宗乾隆传》，河北人民出版社2016年版）。

就在朝野上下欢欣鼓舞之时，安南方面情形却急转直下，清军竟转而大败，黎城失守。原来，上次孙士毅所报“阮氏望风奔窜”，实是阮光平主动后撤，待机而进，孙士毅误以为阮军惨败，清军所向披靡，其实阮军的兵力并未受到多大的损失。年近八旬的乾隆，在此关键时刻做出了相当正确和高明的决定。他说，孙士毅带兵前往安南，能生擒阮光平等人固为上策，否则只要能收复黎城亦为中策，如果情况不佳，即带兵回广西。在这里，乾隆不仅考虑到水土不服等恶劣的客观条件，要知进知退，以免陷入险境。而且，他也预见了黎维祁腐朽无能，清政府不需要也不应该坚持支持黎维祁，浪费自己的人力物力，做这种与天时、地利、人和等皆相悖的蠢事。乾隆的撤兵之旨是非常高明和及时的，如果孙士毅严格执行乾隆的旨意，那么安南的形势必然会有所好转，清军也不会落个惨败的下场。但遗憾的是，孙士毅犯了战场上将军所犯的急功冒进的通病：一心想再建功勋，生擒阮氏兄弟，竟至违抗圣旨，迟迟不肯撤兵。

在这种情况下，阮军于乾隆五十三年（1788）岁末倾巢出袭，孙士毅却毫无防备。至乾隆五十四年（1789）正月初一，孙士毅军中置酒畅饮，正在这时，夜间突然有人来报“阮军大至”，孙士毅仓皇迎敌，但阮兵数万，声如涛涌，攻击猛烈，清军寡不敌众，在黑夜里自相蹂躏。孙士毅匆忙撤退渡过了富良江，为防阮兵追击，将浮桥砍断，可怜滞留南岸的提督许世亨、总兵张朝龙等官兵夫役万余人，因桥断无法渡江，都被阮兵砍死在江中，无一幸免。孙士毅拼命逃回镇南关后，本已回到黎城的黎维祁携其母再次逃走，云南兵在遗留下来的黎维祁下臣黄文通的导引下，才得以全师返滇。

一场大规模的征安南之战就这样以孙士毅贪功轻敌、清军惨败而悬于空中，置乾隆于万分尴尬之地。乾隆无奈之中只能一一斥责孙士毅的过失，削其封爵，将所赏红宝石帽顶一并收回。随后，他全面分析了安南形势，总结了历史经验教训，冷静思考，从大局出发，决定停止征伐安南。与此同时，安南国内的形势也不安定，民心不稳。广南的阮映福也有东山再起之势，北部的黎氏旧党也在密谋复辟。阮光平为了缓解内忧外患的危机，急着改善与清朝的关系，遂多次向朝廷请罪，并表示愿意称臣纳贡。乾隆想到黎维祁怯懦无能，扶也扶不起来，于是下令废掉黎维祁的国王称号，封阮光平为新的安南国王。安南国的危机到此结束。

乾隆五十四年（1789），为了加强与清朝的联系，阮光平派侄子阮光显到承德，庆贺乾隆79岁寿辰。乾隆在避暑山庄福寿阁接见了阮光显并赐宴，还写下题款为“己酉仲秋御笔”的一首诗记录此事：

谁能不战屈人兵，战后畏威怀乃诚。
黎氏可怜受天厌，阮家应与锡朝祯。

今秋已自亲侄遣，明岁还称躬己行。

似此输忱外邦鲜，嘉哉那忍靳恩荣。

同年，失去王位的黎维祁带领家族167人，移居北京，被编入汉军镶黄旗，成为一名三品的佐领。

乾隆五十五年（1790）三月，阮光平到热河觐见乾隆。七月十一日，乾隆接见了阮光平，并多次赐宴，还亲书一首诗《安南国王阮光平至避暑山庄陛见诗以赐之》：

瀛藩入祝值时巡，初见浑如旧识亲。

伊古未闻来象国，胜朝往事鄙金人。

九经柔远祗重译，嘉会于今勉体仁。

武偃文修顺天道，大清祚永万千春。

乾隆对安南国的臣服非常高兴，并期待“大清祚永万千春”，即大清国运昌盛万年。但历史的轨道没有按乾隆的意愿延伸。嘉庆七年（1802），新登位的安南国王把国号改为“越南”，随后向法国殖民者投降，同治三年（1864），越南沦为法国的“保护国”。

对缅甸和安南的战争都是以“议和”而结束，两次战争都是清军深入缅甸、安南境内，感到军力无以为继，而敌军内部也出现了危机，双方才达成和议。由于清朝的实力日渐衰弱，清政府对安南的控制也未能持续下去，缅甸和安南最后都独立建国（参见董思谋编著：《清高宗乾隆传》，河北人民出版社2016年版）。

6.固西北两服廓尔喀

乾隆五十三年（1788）六月，正当乾隆调兵遣将准备进攻安南之时，西藏边境却被廓尔喀侵占。

清朝初期，西藏地区处于蒙古和硕特部的控制之下，后来清朝政府敕封了专门管理西藏的和硕特蒙古领袖固始汗，又给予了阿旺洛桑嘉措（五世达赖）以黄教领袖的荣誉，从此确定了以“达赖”“班禅”两个系统共同治理的局面。

乾隆四十六年（1781），西藏的班禅额尔德尼病死，他的哥哥仲巴胡图克图独占了他的财产，他的弟弟沙玛尔巴内心不满，于是逃往廓尔喀，继而挑拨廓尔喀与西藏的关系，并扬言要夺取自己应得的财产，因此挑起了战乱。

廓尔喀又被称作巴勒布、巴勒布廓尔喀，后来叫尼泊尔。乾隆十分重视西藏的安全，听闻此消息后立即下旨，责令驻藏大臣尽力抵御，并将达赖、班禅暂时移往青海的泰宁居住，以保护他们的人身安全。

可是西藏政府首领噶布伦认为藏兵疲弱，无力抵挡敌军，派人与廓尔喀议和，并私自签署了出银子赎地的不平等条约。乾隆派去的钦差大臣巴忠、四川提督成德、成都将军鄂辉也编造谎言说是敌人已悔过投诚，所以同意认罪退地。乾隆不了解实情，批准了巴忠等人的奏请，一征廓尔喀就在大臣们的欺上瞒下中荒唐地结束了。

尽管巴忠等人绞尽脑汁，编造谎言退了敌，但由于每年要向廓尔喀交银元宝300锭，每锭重32两，而西藏根本交不起，所以廓尔喀又入侵后藏了。

乾隆五十六年（1791）七月初，廓尔喀派步兵数千人再次入侵，很快攻占聂拉木、济咙等处。八月二十日，廓尔喀兵进围班禅住地扎什伦布，随即攻占此寺，大肆抢掠，将塔上镶嵌的绿松石、珊瑚、金塔顶、金册印等抢走，金银佛像抢去大半，一时藏区大乱。班禅因早已被驻藏大臣移往前藏而得免于祸。

八月二十二日，乾隆得到消息，勃然大怒。巴忠畏罪自尽。驻藏大臣保泰惊慌失措，奏请将达赖、班禅移至青海泰宁，被达赖拒绝。四川总督鄂辉、将军成德畏敌怯战，御敌无方，拥兵4000余名，却听任敌军大掠，又不攻余兵。乾隆决定委任新帅，大举征讨廓尔喀。

当时的情况是，征讨廓尔喀很不容易，气候恶劣，山路峻险，敌军凶悍，清兵水土不服。四川总督鄂辉、将军成德，都是行伍出身的勇将，曾经随大军征准噶尔、平定回部，征缅甸，打金川，定台湾，身经百战，军功累累。但却在征廓尔喀时畏惧不前，可见征廓之难。

此时，乾隆已年逾八旬，一般人到了这个岁数，只有认命养老，不可能再生雄心，远征强敌于几千里之外。可是，乾隆却壮志仍在，为了保卫大清疆域，确保西藏安宁，他决定不畏艰险，二征廓尔喀。

乾隆凭着历次征战的经验，仔细分析战争形势，作出了四个方面的部署。一是委任得力将帅，授一等嘉勇公、两广总督、协办大学士福康安为大将军，二等超勇公、领侍卫内大臣海兰察为参赞大臣；二是挑选精锐将士。此时满洲八旗已是军威不振，绿营兵疲弱怯战，乾隆另辟新径，重用索伦和川西地区的屯练士兵（藏兵），调索

多拉尔·海兰察

伦达呼尔兵1000人、金川等屯练士兵5000人、察木多兵2000人，并派御前行走护卫的巴图鲁、乾清门侍卫章京额勒登保、永德、珠尔杭阿等100员作为核心，分率14000名官兵征战；三是筹办大量银米器械枪炮，仅乾隆五十六年（1791）九月至五十七年（1792）二月的半年里，就准备了600万两银子，供军需用费；四是确定用兵的方针、目的、重要策略，直取其都城阳布，征服整个廓尔喀，战术是精兵深入，“捣穴擒渠”。随着形势的变化，后来乾隆又修改目标，指示前方乘胜班师。

乾隆五十七年（1792）闰四月，福康安和海兰察遵照圣旨，率精兵6000人出征。五月初，攻擦木，此地两山夹峙，中间有一个山梁，是唯一的通道。廓尔喀军“据险拒守，拼死抵御”，清军猛攻，歼灭守军200余人，打了第一个胜仗。接着，两兵交战于噶尔辖尔甲山梁，清军斩杀敌兵300余人。再往前，成德与穆克登阿攻克聂拉木，海兰察率兵歼敌1000余人，攻克济咙。五月中旬，清军已尽复失地，敌军退回本境。五月二十二日，双方激战于协布鲁克玛，清军将士奋勇冲杀，杀敌4000多人，深入廓尔喀境内达几百公里。

七月初，清军进攻甲拉古拉、集木集，双方在离廓尔喀都城阳布仅数十里的地方展开恶战，福康安却因屡胜而轻敌，最后遭到敌军的伏击，幸好这时海兰察赶来接应，双方鏖战两日一夜，敌军失败退却。

廓尔喀王叔巴都尔萨野惧于清兵的猛勇，于是派遣使者向清军“乞降”。福康安因为这次战争损失重大，也同意对方议和的提议。乾隆皇帝担心福康安等会因深入敌国不易驰援，也下旨给福康安答应议和。于是双方达成一致协议，清军从此撤回西藏。

为了保证西藏的安定，乾隆改变了噶布伦专权、驻藏大臣虚有其名的制度，让驻藏大臣掌握藏区军政大权，加强中央对西藏的控制。

乾隆五十六年（1791）十二月二十六日，乾隆痛斥噶布伦专权横行，祸害藏地，剥夺其权。不久。他又下谕，将戴绷、第巴等官员的任用权收归朝廷。乾隆五十七年（1792）八月二十六日，乾隆又下谕，建立金奔巴瓶制，规定达赖等大喇嘛的化身呼毕勒罕，由驻藏大臣会同达赖，“对众拈定”，上奏朝廷。

乾隆五十八年（1793），朝廷颁布了《钦定藏内善后章程》，共29条，明确规定了中央政府拥有管辖藏区政治、军事、经济（租赋、银钱）、外交、外贸等各个方面的最高权力。

《钦定藏内善后章程》是西藏历史上重要的文献，标志着清朝对西藏进行全面有效的管辖。《圣武记》盛赞乾隆治藏之功说：“自唐以来，未有以郡县治卫藏如今日者”“盖至金奔巴瓶之颁，而大圣人神道设教变通

宜民者，如山如海，高深莫测矣。”（参见董思谋编著：《清高宗乾隆传》，河北人民出版社2016年版）

乾隆五十八年（1793）正月，乾隆册封拉纳特巴都尔为廓尔喀的国王，从此双方关系密切，并开始了友好往来。

延伸阅读

清代的外交管理制度与外交机构

前清时期的主要外交机构有：理藩院、礼部、鸿胪寺等。

清朝理藩院是管理少数民族事务的机关，但也负责一部分外交事务。大清在关外时，蒙古归附；1636年，清设“蒙古衙门”；清崇德三年（1638）六月，“蒙古衙门”改名为理藩院。清在入关前有蒙古为其“藩”（内附），有朝鲜为其“属”（外交），藩附属理藩院管辖。入关后，藏、回等民族事务也归理藩院辖。但是清朝把北方境外俄罗斯及西南相邻的廓尔喀（尼泊尔）也想当然地列为“外藩”，与这两国的交涉事务也归理藩院负责。顺治十六年（1659），理藩院尚书、侍郎改兼礼部衔，定为“礼部尚书（或侍郎）衔掌理藩院事”。顺治十八年（1661），又去掉礼部衔，专掌“蒙古及藩部封授、朝觐、贡献、黜陟、征发之政，控驭抚绥，以固邦翰”。“理藩一职，历古未有专官，唯《周官·大行人》差近之”。理藩院下属有旗籍、王会、典属、理刑、徕远六清吏司。清朝建立后相当长的一段时间内，理藩院包揽了与俄国交往的一般事务。清《俄罗斯事例》规定，俄国贸易行文，应将原文“报明理藩院，听候办理”(《光绪会典》)。理藩院还专设俄罗斯馆（1694年，即康熙三十三年设立）。《恰克图条约》明文限制了俄国来华官方商使每三年一次，每次200人以内。俄官商来京，“寓俄罗斯馆，八十日间，许以免税通商”(《清朝全史》第四十四章)。咸丰五年（1855），理藩院主订《伊犁塔尔巴哈台通商章程》。咸丰十年（1860），理藩院定《中俄续约》，到后清“自译署（总理各国事务衙门）设，职权渐已”。

前清对外交往的具体事务，除俄罗斯、廓尔喀、浩罕以外，其余所有“属国”“与国”事务，都属礼部。商朝有宾官，周朝有春官，隋唐以后，各代都有礼部。清朝入关前，于天聪五年（1631），始设礼部，掌祀典、庆典、军礼、丧礼、接待外宾、科举、铸印等政务。顺治元年（1644），置尚书、侍郎各官。礼部并不是专管外交事务的机构，其下属一些涉外机关如主客清吏司、会同四译馆等才是专门的外交机关。古代外交在整个政治生活中的地位不如今天重要，因此外交事务只是作为礼部的兼职。

礼部下属主客清吏司的职能是：“掌宾礼，凡四夷朝贡之仪，封册之命，饩赐予之数，高下之等，悉隶焉。”（《清通典》职官三）主客司下面还设赏赐科、四译科、火房科等分掌官方礼赠、通事翻译、外国人食宿等事务。清代著名爱国诗人龚自珍就担任过礼部清吏主客司主事一职。

会同四译馆为会同、四译二馆合称。顺治元年（1644），分设二馆。会同馆隶属礼部，以清吏主客司主事提督之。四译馆隶属翰林院，受太常寺汉族少卿管辖。四译馆分设回回、缅甸、百夷、西番、高昌、西天、八百、暹罗八馆，以译远方朝贡文字。还置序班20人，朝鲜通事官6人。顺治十四年（1657），置员外郎品级通事一人，掌会同馆印。乾隆十三年（1748），省四译馆入礼部，更名“会同四译馆”，改八馆为二,一为西域馆，一为百夷馆。各馆馆卿负责招待外国使节，教习中国礼节，安排在东江米巷（后称东交民巷）下榻，提供所需器用、饮食、柴炭等，凡外交开支都造册送主客司咨户部核销。清朝“属国”贡使都能遵循“天朝”礼规，西洋各国除荷兰外都不愿向中国皇帝或帝位行三跪九叩礼。馆卿的责任还有：

为那些愿意接受清朝礼规的使书引见“龙颜”。皇帝一般要接见守礼节、持正式国书的外国使臣，馆卿则安排在礼部赐宴，在午门外赐赏。

西域、百夷二馆是翻译文书、培养译员的单位，是清朝前期的“外语学校”，学生很少，以序班为教员。

鸿胪，古为九卿之一，是主管外国事务和少数民族事务的官职。清仍设鸿胪，但其职能多为理藩院及礼部清吏主客司所取代，变成专掌替襄礼仪之官，近似于今之礼宾司。顺治元年（1644），始设鸿胪寺，一应事宜，皆由礼部掌行。顺治十六年（1659），改由本寺自行办理。鸿胪卿初制，满族官员从三品，汉族官员为正四品，顺治十六年（1659）并定正四品。顺治十八年（1661）复改归礼部，康熙十年（1671）又改归本寺，雍正四年（1726）复归礼部统辖。

五、盛世危机：国门紧锁繁荣背后

1. 闭关锁国是国势衰弱的推手

要指出的是，一开始，清朝实行的闭关政策并不是外露的，而是隐蔽的。闭关在外表上并不显露，更未形成法律文书。就是说，既没有拒绝外商的法律文书，也没有在形式上完全闭关停市，它是通过多种形式贯彻这一政策原则的：

（1）严格限制渔船和商船的规模。中国早在明中叶就有巨大的帆船，郑和下“西洋”所用的船长146.67米，宽50.94米。但在清康熙时规定，除福建省可用双桅船外，别省只能用单桅船。船上的水手必须在20人以下，船的梁头不得超过3米。出洋贸易的船虽可用双桅，但水手不得超过28人，梁头不得超过5米，载重不能超过500石。此外，还规定不得造船卖给外商，也不得从外国造船带回中国。这些规定不仅不利于对外通商，而且还使中国的造船业及造船技术受到了沉重的打击。

（2）对出口货物的品种和数量进行严格的限制。粮食、铁、硫黄、硝等物概不准出口。乾隆时甚至严格到每船出海只准带铁锅一口、斧子一把。蚕丝、绸缎出口更是属于严禁之列。茶叶出口数量不限，但武夷茶不准海运。对于违反禁令的“一经拿获，将该商人治罪”。另外，还规定在对外交易中，只准以物易物，“不准用银”交换。总之，政府采取了各种办法来达到限制对外贸易量的目的。

（3）通过洋行制度垄断中外贸易。清朝管理对外贸易是沿用明朝的官牙行制，而没有采用唐宋元时的市舶(司)制，一般称为“洋行”，意思是外洋商行，其中以广东十三行最盛。洋行实际上是一种半官方组织，具有很大的权力，中外一切贸易必须假手洋行才行。外商不得与中国的商人自由接触，也不得直接与清朝官员会面，一切均须通过洋行交涉。因此，洋行兼有商务和外交两种工作性质。“凡夷人具禀事件，应一律由洋商代为据情转禀，不必自具禀词”（清·梁廷枏总纂:《粤海关志》)。外商进入中国必须依赖洋行，任其摆布。行商则利用权力和方便对外商巧取暗夺或公开索取。不过，洋行虽可通过垄断对外贸易获得大量的财富，但也要受到官府的盘剥，且手段多种多样，包括名目繁多的定期贡品、贡银以及各种临时性的进献，加在洋行身上的这种额外负担也是他们加紧压榨外商的原因之一。

（4）限制通商口岸。广州历来是中外通商口岸，清廷一度还曾开放过粤海、闽海、浙海、江海等处海关，准许外商到广州以北海岸通商。这是外商求之不得的，因他们所要购买的丝茶多出此地，可就近通商，使物品价值降低。然而清廷并不欢迎外国人来通商，英船就曾数次欲往定海都未达到目的。以后在乾隆时就干脆明令禁止外商北上贸易，只限广州一地。“此地(宁波)向非洋船聚集之所，将来只许在广州收泊交易，不得再赴宁波。如或再来，必令原船返棹至广，不准入浙江海口”（清·朱寿朋编纂:《东华续录》）直到1842年，中外互市的口岸尚仅广州一处。

闭关政策是在特定的国内环境下产生的，也是明清封建统治下小农经济结构所决定的。这一政策的实施对中国的社会经济带来的是极其负面的影响，它阻碍了中国社会生产的发展以及中国正在发生的资本主义萌芽及其成长。

在鸦片大量走私入境之前，中国的对外贸易始终处于有利的出超地位，每年都有大量银钱入口，银钱已成为沿海诸省通用的流通手段。实行海禁、减少对外贸易之后，不仅使银钱岁入减少，而且使国内的造船业、缫丝业、纺织业、冶铁业等受到了致命的打击。这样就使得刚刚兴起的资本主义商品经济的发展受到了制约，使正在成长的资本主义商品生产缺少了国际市场的刺激。中国的国内市场本来就小，国外市场的开拓又被堵塞，资本主义的幼苗必然遭到扼杀。在明朝中国就出现了资本主义萌芽，在当时的世界上，中国的商品经济发展并不落后于别国。但自清朝开始的200年间，中国与西方资本主义世界在经济上的差距却日益被拉开。中国从此一蹶不振，以至沦落为半殖民地半封建国家。

乾隆时期，为了维护自己的统治，防止国内的敌对势力与国外的敌对势力勾结，乾隆时代采取了一种可笑的措施，那就是众所周知的闭关锁国的政策。为什么这是个可笑的措施呢？因为乾隆皇帝打算通过限制贸易的办法摧毁西方对中国的贸易入侵。在他的心中，中国是一个地大物博的国家，完全能够自给自足，不需要任何外来的东西，而“外夷”却需要通过与中国的贸易来满足他们自身生活的需要。所以只要通过限削贸易，断绝他们的生活供给就可以制服这些国家。于是乾隆皇帝一声令下，中国进入了闭关锁国的时代，同时一个封闭的国家也形成了。这个国家对外界发生的一切一无所知，当西方列强用坚船利炮轰击中国大门的时候，清朝的统治者居然还说什么天朝上国与蕞尔小邦之类的话，这就是闭关锁国政策的可笑之处了。这个政策不仅影响了乾隆时代，对之后相当长的一段时期都产生了恶劣的影响。

由于闭关锁国政策的实施，中国的国力迅速下降，中国的国际地位逐渐下降，中国开始沦落为受人摆布、受人压榨、受人欺辱的半殖民地半封建国家。从此开始了一段屈辱史，一个接一个不平等条约被迫签订，中国的领土被一块一块地分割出去，中国人民遭受到前所未有的大灾难。

乾隆二十二年（1757），乾隆皇帝颁布了一道圣旨，要求除广州一带，停止厦门、宁波等港口的对外贸易，这就是所谓的“一口通商”政策。这一命令的颁布标志着清政府彻底奉行起闭关锁国的政策，中国正式进入了闭关锁国的时代。从此中国开始和世界脱轨，开始落后于世界，在国际社会经济中心的地位开始动摇直至崩溃，开始走向衰败。

为什么一个鼎盛的国家会走向衰败呢？最根本的原因就是封建统治者为了维护自己的统治，为了巩固自己的皇权实施错误的政策。早在清兵入关初期，清朝就因为台湾问题实施海禁政策。大家知道，台湾曾先后被西班牙和荷兰侵占，后来郑成功打败荷兰人，使得台湾又重新回到祖国的怀抱。但是明朝败亡以后，郑成功凭借海上的力量与清朝抗衡，目的就是反清复明。当时的清政府认为郑成功之所以能够三番五次在沿海地区袭击清朝军队，就是因为有些沿海的群众也希望能够把清朝统治者赶回关外，恢复汉族的统治。

因此，为了有效遏制郑成功的进攻，断绝沿海群众对郑成功的支持和接济，顺治十二年（1655）六月，在闽浙总督的建议下，清政府严令禁止官民擅自出海贸易，违者按通敌罪论处。如果有人胆敢出洋将违禁货物贩往外国，或“潜通海贼（郑成功）”，都将交给刑部治罪。人们即使将船只租售给洋人，也属重罪。后来为进一步断绝沿海群众与郑成功的联系，清政府又连下三道迁界令，将东南沿海的村庄居民全部内迁25公里，房屋、土地全部焚毁或废弃，不准沿海居民出海。清政府规定：凡将牛马、军需、铁货、铜钱、绸缎和丝绵带出境贸易者，杖一百；若将人口或兵器偷运出境者则处以绞刑。清政府这个时候实行的“闭关政策”，仅仅是为了隔绝大陆与台湾郑氏反清力量的交往，并防范新的反清力量集聚海上。例如康熙时代，康熙皇帝为了收服台湾，下令“迁界禁海”，其目的仅仅是孤立台湾，从而促进台湾回归。在清政府收复台湾后，康熙皇帝在康熙二十四年（1685）曾一度开放海禁，设立江、浙、闽、粤四处海关，作为对外贸易的窗口。

乾隆时期国外进贡的钟表

乾隆皇帝继位以后，他继续沿袭祖先们在禁海方面的政策。但是乾隆时代禁海的目的已经发生了根本的变化，这个时候禁海是为了维护封建专制统治，为了把中外贸易控制在稳定封建秩序的范围之内。随着这种需求的不断增强，乾隆时代的这种闭关的措施也越来越严格，直至发展成为“闭关锁国”。那么乾隆时代维护自己统治的需求为什么会越来越强呢？自18世纪中叶开始，西方国家先后开始了工业革命，资本主义萌芽开始在这些国家出现，随着社会制度的根本变革，加之工业革命促进了其生产技术的迅猛发展，这些国家开始寻求更大的市场，开始了他们的原始积累。在与中国长期贸易的过程中，他们发现中国是一个充满诱惑的神秘国度，对于他们而言是一个巨大的原料产地和销售市场，于是一个接着一个的国家，一批接着一批的商人开始来到中国的沿海地区进行贸易和投资，并由此引发很多问题。

例如澳门等一些外国人聚集的地方经常出现西洋人犯案的问题，荷兰的殖民者在南洋制造了骇人听闻的“红溪惨案”等，这些问题的出现使清政府很快意识到问题的严重性。再加上江浙一带的海面出现了大量的外国商船，而这些商船又大多携带武器，为了防止第二个澳门的出现，乾隆皇帝于乾隆二十二年（1757）下旨要求洋商不得直接与官府交往，而只能由“广州十三行”办理一切有关外商的交涉事宜，从而开始实行全面防范洋人、隔绝中外的闭关锁国政策。

但是西方殖民者并没有按照乾隆皇帝的意思去做，而是想进一步打开中国的港口，于是就有了东印度公司的一名翻译洪任辉开辟宁波港的行为，于是就有了乾隆皇帝下令进一步关闭宁波等地的港口（参见文武著：《乾隆时代》，哈尔滨出版社2008年版）。

再后来就是这个翻译通过行贿将一纸控告粤海关官员贪污及刁难洋商的诉状送到直隶总督的手中，并通过直隶总督的手转交给乾隆皇帝，同时还希望通过这个诉讼使清政府改变外贸制度（参见文武著：《乾隆时代》，哈尔滨出版社2008年版）。

出人意料的是，乾隆帝看完这个诉状后，竟怒斥洪任辉不听地方官员劝告，擅自上告，辱没皇家尊严，甚至怀疑他“外借递呈之名，阴为试探之计”。结果就是：洪任辉被驱逐出境，替他写诉状的人被斩首示众。这便是有名的“洪任辉事件”。这件事情更加坚定了乾隆加大锁国力度的立场。乾隆二十四年（1759）乾隆又规定外商在广州必须住在指定的会馆中，并且不许在广州过冬，不得外出游玩，甚至还特别规定“番妇”不能随同前往；而中国人不许向外商借款，不许受雇于外商，不许为外商打探商业行情。总的来说，乾隆的闭关锁国政策包括以下几点：

第一，压缩通商口岸，加强对通商口岸的限制和管理。至此，广州口岸成为当时中国与西方海上贸易的唯一口岸。同时，乾隆皇帝还采取一系列强制的措施限制西方商人在广州口岸以外的地方进行贸易。

第二，进一步完善保商制度。乾隆皇帝通过赋予经官方认可支持的专门从事国外贸易的洋商行承保外船、缴纳税银、备办贡物、管理约束外商等各项职能，实现以官制商、以商制“夷”的目的，从而加强了对西方商人的约束管理。

第三，反对西方商人与中国国民的直接接触。这一点乾隆皇帝主要通过《防夷五事规条》的制定和颁布予以实现。《防夷五事规条》的颁布从法制上使经官方认可支持的专门从事国外贸易的洋商行必须承担起管束稽查外商的职能，并防范外商与中国国民直接接触，还要对外商的违法行为负责。

第四，通过设置行商属下的通事、买办，使封建主义的行商垄断进出口贸易。这一措施的目的是使一切对外的贸易必须在官方许可的行商名义下进行，从而排斥行外商人参与贸易以保证官方行商对贸易的垄断。同时，乾隆皇帝还规定了主要进出口贸易货物的商品，从而又保证了行商对主要进出口贸易的垄断。

第五，采取措施整顿行商赊欠外商债务的情况，减少中外贸易因为欠账的问题而发生争端。这一条有效地遏制了西方商人借机向清政府发难，从而破坏闭关锁国的政策。

第六，调整沿海居民出洋贸易的时间，并进行限制等。总之，这些措施的实施严重约束了中国与西方商务的来往。由于这些措施严重损害了这些西方商人的利益，从而进一步阻碍西方殖民主义的发展，所以西方殖民者就想尽一切办法打开中国的市场，以满足资本主义发展的需求，因此不惜使用一切卑劣的手段，毒害、残害中国人（参见文武著：《乾隆时代》，哈尔滨出版社2008年版）。

乾隆时代没有因为自己的强盛而继续发展自己，通过强大自己来抵御外来侵略者，而是利用一种限制自己、束缚自己的办法来维护自己的统治。这种限制和束缚使得当时的中国基本断绝了和外面世界的联系，也使中国丧失了学习先进技术和先进文化的机会。因此，闭关锁国政策给清政府带来的不是政权的巩固，而是灭亡；闭关锁国政策给中国带来的不是发展，而是落后，是封建专制君主为了一己之私而置国家于不顾，是封建君主思想局限性的产物，是封建专制的产物。

由于闭关锁国政策的实施，乾隆时代开始由盛转衰，清王朝的辉煌已经成为历史。到了乾隆时代的末期，这种衰落的情况尤其严重，乾隆皇帝留给子孙们的是对他们一次又一次的挑战，乾隆皇帝留给子孙们的是一个满目疮痍的国家。于是一帮豺狼虎豹就开始打着仁义道德的旗帜用一切卑劣的手段摧残着这个贫弱的国家，中国大地开始了一场浩劫，无数的中国人开始了遭受凌辱的生活，一个礼仪之邦，一个拥有悠久文化历史的大国一时间被“东亚病夫”“华人与狗不得入内”等极具侮辱性的字眼所笼罩。同时，这个屈辱的经历使得中国人悟出一个道理——“贫弱就要挨打”，一群追求进步与真理的中国人开始为了国家的崛起，为了国家的富强而努力奋斗（参见文武著：《乾隆时代》，哈尔滨出版社2008年版）。

2.频发的文字狱禁锢

综观中国封建社会，并不是每朝每代都有文祸发生，帝王个性上的多疑往往是酿发文祸最直接的原因。然而在这种看似相当偶然的因素背后，所孕育的却是某种必然：文字狱是专制主义、君主高度集权、法律条文缺乏绝对权威的产物。在中国封建社会进入晚期——明清以后，文字狱的发生趋于频繁；中国封建社会文字狱的高发期是伴随着最后一个封建盛世康雍乾时期的出现而到来的，这绝非是某种巧合。

乾隆统治时期专制主义中央集权空前巩固，然而恰恰在此时中国封建社会的文字狱发展到最高峰。乾隆朝文字狱，集中在乾隆十七年（1752）至乾隆五十年（1785）的33年中，乾隆曾标榜自己"从未以语言文字责人"，但在他执政期间所制造的置人于死地的文祸却高达60起，几乎是顺、康、雍三朝（共92年）的6倍，累计处死163人，其中凌迟处死22人，因精神失常胡写乱画被处死的17人。到了乾隆五十年（1785），康雍乾盛世已处于强弩之末，文字狱也就从政治舞台上淡出，对清朝统治者来说秘密组织的威胁是更为迫切的问题，不遑再去对文字捕风捉影了。

在乾隆朝文字狱中，同政治问题能沾上边的就是胡中藻诗案。胡中藻在乾隆元年（1736）中进士，依附鄂尔泰，以西林（鄂尔泰姓氏中的前两个字）门下第一人自许，是鄂党中屈指可属的汉族官员。鄂尔泰在乾隆十年（1745）已然去世，鄂党实力已非比昔日。

但朝纲独断的乾隆皇帝在削弱张党的同时依然打击鄂党，喜欢与人吟诗唱和的胡中藻就成为一个突破口。乾隆对胡中藻诗集《坚磨生诗抄》断章取义，罗织罪名，斥责其“一把心肠论浊清”之句的要害是把“浊”字加在国号“清”字之上，肆意“谤及本朝”；又指责其“老佛如今无病病，朝门闻说不开开”是“谤及朕躬”，并反驳道：“朕每日听政，召见臣工，何乃有朝门不开之说？”根据乾隆所定的“谤及本朝”则同“叛逆”的调子，胡中藻被处死，赐令同胡中藻唱和的鄂尔泰的侄子鄂昌自尽。

胡中藻诗案，还算得上事出有因，而以后所发生的诗案，纯粹是君主淫威的体现。

乾隆四十四年（1779）所发生的诗案就充分体现了这一点。黄梅县监生石卓槐著有《芥圃园诗抄》。其中的“大道日以没，谁与相维持”“厮养功名何足异，衣冠都作金银气”等句不过反映了读书人忧国忧民的意识，然而此诗集却因此被人告发，湖北巡抚在对该诗集检查后又发现有不避庙讳、御讳之处，经乾隆批准，石氏按照大逆谋反罪被凌迟处死，其年幼的儿子与妻子被发往功臣家为奴。

诗的意境要由读者去悟，往往会引发人们的种种遐想，一旦“遐想”变成别有用心的“瞎想”，就不免会引发一场文祸。挟私报复者与试图邀功者固然可恶之至，但最高统治者的态度更为关键。康熙时期的两江总督噶礼就企图以江苏布政使陈鹏年的《重游虎丘》一诗发动文字狱，康熙则明确表态道：“诗人讽咏，各有所托，岂可有意罗织。”从而使得一起精心策划的文祸化为乌有。尽管乾隆总是表示要效法皇祖康熙，但他可以效法康熙的普免钱粮、六次南巡，唯独在处理文字狱这类人命关天的案件时同他的祖父背道而驰。难怪乾隆朝60年因文祸发生的命案竟是康熙朝61年的几十倍（参见李景屏著：《乾隆王朝真相》，农村读物出版社2003年版）。

发生在乾隆四十二年（1777）的王锡侯《字贯》案，更令人感到蹊跷。江西新昌人王锡侯因考虑到《康熙字典》收字太多，便编了一部简明字典，名曰“字贯”，被人告发，其罪名是“删改《康熙字典》，另刻《字贯》，与叛逆无异”。经乾隆批准，王锡侯被处斩立决。王氏之子孙8人被处斩监候，秋后处决，一本简明字典就酿成9人身首异处。

乾隆四十五年（1780，也有说乾隆四十六年）又发生程明諲的寿文案。湖北孝感生员程明諲替人写做寿的幛文，因考虑到寿星老当年曾在湖北、河南谋生并发迹，便写下“绍芳声于湖北，创大业于河南”，虽然乾隆也承认此人“文理不通，滥用恶套”，但还是判处程明諲斩立决。

在乾隆朝的文字狱中丧命的，还有相当一部分身处山野又不甘寂寞的人，因向皇帝呈献诗文、递条陈而引发。乾隆十六年（1751）八月，山西人王肇基为恭祝皇太后千秋而到汾州衙门献诗，用王氏自己的话说是“尽我小民之心，欲求皇上喜欢”，“我何敢有一字讪谤，实系我一腔忠心，要求皇上用我”，“论那孔孟程朱的话，亦不过要显我才学”。乾隆竟因王肇基“不安分”，令将其立毙杖下。两年后【乾隆十八年（1753）】又发生刘震宇献《佐理万世治平新策》而被斩立决的案件。

乾隆在四十三年（1778）去盛京谒祖陵，九月初九在回銮途经锦县时，该县生员（秀才）金从善，向乾隆递上一份请求“立储”“复立后”“纳谏”“施德”等内容的条陈。

金从善认为，皇帝即位43年还未册立太子当然是件头等大事，联想到康熙晚年不立太子所引起的诸王对储位的觊觎及雍正即位后的骨肉相残，不立太子必有门户之嫌。每念及此他都不寒而栗，因而请求立太子，以固国本。而13年前【乾隆三十年（1765）】皇后乌喇那拉氏的断发，在金从善看来自然也是件大事，他请求皇帝向天下臣民颁一份“罪己诏”。至于乌喇那拉氏在乾隆三十一年（1766）去世以后乾隆一直未再册立皇后，金从善也认为不妥，很明显当今皇帝不想再立皇后，乾隆不愿在后宫册立一个权力接近自己的人，不愿在私生活上受到皇后的些许制约，他不仅是普天下的主子，也是前三殿、后六宫的唯一统治者。在金从善的条陈中真正涉及国计民生的是后两条——“纳谏”“施德”。不可否认乾隆即位以来多次豁免钱粮、赈济灾民，但问题是朝廷所拨下的赈济财物究竟有多少能落到饥寒交迫的人手中。至于纳谏，从发生的伪孙嘉淦奏稿案中就可以看出朝廷官员的缄默不言，而从对传播过伪奏稿的人处以极刑，也可看出乾隆在纳谏问题上的雅量。

在乾隆看来，“昔曾静尚属远居湖南，不料陪都根本重地，俗朴风淳，乃有如此悖逆之徒”，更何况金从善“身列青衿，自其高曾以来，皆本朝臣仆……其父曾为知县，乃敢悖逆若此，虽夷其三祖，亦其足蔽辜乎！”（《清实录·高宗纯皇帝实录》）递条陈所掀起的轩然大波，以金从善被处斩立决而结束。

在乾隆四十四年（1779），当乾隆帝东巡时，智天豹派弟子张九霄把自编的《本朝万年书》进献给皇帝，乾隆因文中直书庙号、御讳，而将智天豹及张九霄双双处死。此后一年【乾隆四十五年（1780）】则发生吴英献策案，这也是一份关系到国计民生的条陈。吴英是广西省一个秀才，靠开蒙馆为生。他在文中提出“请蠲免钱粮、添设义仓、革除盐商、盗案连坐、禁止种烟、裁减寺僧”，还揭露了蠲免钱粮中的弊端——“圣上有万斛之弘恩，贫民不能尽沾其升斗”。因文中有“弘”字，犯了御讳，审理此案的广西按察使，经请旨将吴英凌迟处死，并将其子侄5人处死。

经过如此血腥的镇压，朝野上下已经噤若寒蝉。

自乾隆二十二年（1757）在段昌绪家抄出三藩之乱时期吴三桂的檄文以及彭家屏供认家中藏有明末野史以来，乾隆一直在寻找查办禁书的机会。乾隆在三十七（1772）、三十八年（1773）接连下达征书命令，在三十九年（1774），又颁布查办明末野史禁书的谕令，明确指出：“明季末造，野史甚多，其间毁誉任意，传闻异词，必有抵触本朝之语，正当及此一番查办，尽行销毁……若此次传谕之后，复有隐讳存留，则是有心藏匿伪妄之书，日后别经发觉，其罪转不能逭，承办之督抚等亦难辞咎！”（《清实录·高宗纯皇帝实录》）

禁书令一颁，乾隆朝的文字狱又增加了一个新的类型。乾隆四十三年（1778）的徐述夔诗案就是其中一例。徐述夔生前写有《一柱楼诗》，由其子徐怀祖刻印。其孙徐食田因同监生蔡嘉树有田产之争，对方就以其祖父诗中有“明朝期振翮，一举去清都”之句进行要挟，徐食田怕招来杀身之祸，就带着诗集到县衙门自首。此案惊动乾隆，乾隆在上谕中明确表态：徐食田一案不得按自首处理。审理此案的两江总督与江苏巡抚秉承皇帝旨意，以徐述夔“借‘朝（zhāo）夕’之‘朝’，作为‘朝（cháo）代’之‘朝’，且不用‘上’‘到’等字，而用‘去清都’，显寓复兴明朝之意”来为此案定性。尽管徐述夔及徐怀祖都已经去世，还是按照大逆谋反的罪名予以戮尸，枭首示众，作者的孙子徐食田、徐食书以及门生徐首发、沈成濯与未能及时发现诗集有问题的江苏布政使的幕僚陆琰均被判处死刑。

乾隆四十四年（1779），又发生李驎的《虬峰集》案。李驎是明清之际的人物，著有《虬峰集》，在康熙年间去世。在收缴禁书的命令下达后，两江总督载萨与江苏巡抚杨魁对《虬峰集》进行检查，认为其中的“日有明兮，自东方兮，照八荒兮，民悦康兮”及“瞻拜墓前颜不愧，布袍宽袖浩然巾”等句“系怀胜国，望明复兴”，“属大逆不道”。所幸李驎乏子无嗣，只将他本人的尸体挖出“锉碎其骨，枭首示众”。

一方面是一些士人死于文字狱，另一方面则是大批书籍被焚毁。据《清代学术与文化》一书记载：“在禁书活动中，共焚毁书籍三千一百多种、十五万一千多部，销毁书板八万块以上。”

因精神失常酿发文祸，则是乾隆朝文字狱的又一个重要方面。在17起精神病患者引发的案件中，以发生在乾隆二十八年（1763）的两起案件为例，以便让读者见其一斑。一个叫刘三元的湖南人长期疯癫，一天做了个梦，梦见神道说他是汉朝后裔，“要天下官员扶持”，并把梦话写在纸上，后被逮捕立案。尽管其邻佑、保证都证明此人素患疯疾，但刘三元仍被凌迟处死。不久在湖南又发生一起此类案件。衡阳人王宗训自乾隆十九年（1754）就因精神失常，多次从家中跑出，家里人为防止其外出惹祸，将其用铁链锁在家中。乾隆二十八年（1763），王宗训挣断铁链外逃。在广西被拿获，从他身上搜出一个装有两张红纸的信封。红纸上写着一些疯话，在审讯时，他自称“雁峰寺有个叫掌能的和尚说我是善人，可为天下主。这两张纸是寿佛说出，我照着写的”。结果王宗训本人被凌迟处死，其兄弟、子侄共有7人被处死。

其实在雍正时期也出现过类似的案件。雍正八年（1730）七月初六，一个手拿“真明天子刘芳杰”红帖的人，闯到广西巡抚衙门，经广西巡抚审理证实此人因母亲去世精神恍惚，常说有神道在头上。广西巡抚奏请将刘芳杰“于广众之中尽法处死，以儆地方所有疯人”。然而雍正的朱批是：“若实系疯病，何必至于处死？”（参见李景屏著：《乾隆王朝真相》，农村读物出版社2003年版）

乾隆在即位之前写了一篇文章，名曰《宽则得众论》(该文收在御制《乐善堂全集》),该文的核心是施政应宽,有感于雍正施政的勤于为治却又褊急刻薄而发。虽然他在即位之前大讲“宽则得众”,但即位后在对许多问题的处理上实际却比雍正还要褊急刻薄。像吕留良文字狱中的曾静与张熙,已在雍正十年(1732)结案时释放,雍正认为曾、张“谤议只及于朕躬,贷其殊死,并有将来子孙不得追究诛戮之谕旨”,但乾隆即位才3个月零16天就将曾静与张熙凌迟处死。而因不同意处死吕留良家人被判处永远禁锢的齐周华,虽然在乾隆即位后特赦出狱,到乾隆三十年(1765)齐氏欲将自己雍正九年(1731)的著述(包括他对吕留良案的论述)出版,结果被凌迟处死,其子孙有4人被处死。

在谈到清代文字狱时,鲁迅先生曾有一段非常精辟的论述:“大家向来的意见,总以为文字之祸,是起于笑骂了清朝,然而,其实是不尽然的……有的是卤莽;有的是发疯;有的是乡曲迂儒,真的不识讳忌;有的则是草野愚民,实在关心皇家……”(鲁迅:《隔膜》)

就在乾隆发动文字狱并将其推向极端的时候,正是欧洲的启蒙运动方兴未艾之时。迭起的文祸在历史上留下极为血腥与残酷的一页,而其对社会所造成的负面影响更是超过了时间的界限。在一种极其不正常的人人自危的政治气氛下,士人的社会责任感与使命感被滚烫的鲜血所销熔,读书人对学术的探讨已经被挤到训诂、考据、音韵、金石学的狭小空间。

乾嘉汉学的兴起是以人们的思想被禁锢为前提的，所谓“避席畏闻文字狱，著书都为稻粱谋”即此之谓。因而当龚自珍发出“九州生气恃风雷，万马齐喑究可哀”的警世之言时，早已是日落西山的清王朝完全丧失了回旋的余地（参见李景屏著:《乾隆王朝真相》，农村读物出版社2003年版）。

3. 对英使来华的驱逐

英国使臣马戛尔尼一行来华，经过一番“最礼貌的迎接，最殷勤的款待”之后，又被清朝政府以“最文明的驱逐”方式，在“最警惕的监视”之下离开了中国。这期间究竟发生了些什么事情？又说明了什么？

乾隆五十七年（1792）十月，乾隆刚刚写下了他的得意之作《御制十全记》不过10天光景，便又接到了广东巡抚郭世勋向他报告的“好”消息：为了补祝乾隆八旬万寿，西洋英吉利国国王特遣马戛尔尼勋爵为使团团长，率同随从人员700余人，分乘5艘大船，携带国王亲笔书信和许多珍贵礼品，正在由海道前来中国途中。一个远在重洋之外的西洋国家，不远万里，专程遣使进贡并向自己叩祝万寿，在乾隆看来，无疑是给他的“十全武功”锦上添花，为此他先后颁布多道谕旨，指令使团船队经过省份督抚先事预备，提高接待规格。“务宜妥为照料，不可过于简略，致为远人所轻”。这样，两广、闽浙、两江、山东和直隶等省督抚以下不少官员一齐出动，有的遣人放帆出海逻查使船到达消息，有的备办牛羊米面并修葺馆舍以备使团食宿之用，有的采办物品、准备宴席以备招待和犒赏，有的雇赁船只以供运贡品之需。几个月的时间里，许多人员为此异常忙碌，盼望着这些西洋贵宾的大驾光临。

广东地方官员奏报的英使来华虽然确有其事，但是称其来华是为补祝乾隆八旬万寿则是广东官员的捏饰之词。其实，英国政府派遣马戛尔尼来华完全是另有一番用意。18世纪下半叶，英国资本主义进入了一个新的发展时期。各种大机器普遍采用，社会生产力迅速提高，为了寻求新的原料产地和商品市场，地大物博、人口众多的中国便引起了英国资产阶级的关注。为了收集有关中国的各种情报并为英国攫取通商利益，英国政府经过反复商讨，拟定条款并以富有外交经验的英国驻孟加拉总督马戛尔尼勋爵为使团团长，携带重礼前来中国。

乾隆五十七年（1792）秋，马戛尔尼一行自英国朴次茅斯港启程，历经半年多时间，渡过大西洋、印度洋，于乾隆五十八年（1793）五月进入南中国海。而后，沿中国大陆海岸北上，六月下旬，到达天津，并于八月间携带部分贡品抵达热河觐见乾隆。而在此时，由于双方关于觐见礼节的争执和对使团来华意图的逐渐了解，乾隆的热情急剧下降。首先引起乾隆不满的是，马戛尔尼一行于觐见时拒绝向乾隆行三跪九叩大礼。在乾隆看来，是否对他

乔治·马戛尔尼

行跪拜大礼是对自己是否恭顺的一个主要标志。因而，早在使团一行刚刚抵达天津时，他即因清朝官员宣读恩旨时马戛尔尼一行只是“免冠竦立”而即刻指令当地官员“婉词告知”他们“自应遵天朝法度”，但却遭到英国使臣的拒绝。到了热河以后，虽经军机大臣和珅等人多方劝诱，马戛尔尼一行却仍坚持原来立场。最后，不得已达成折中，两次觐见时，马戛尔尼均以觐见英王之礼觐见乾隆，以单膝下跪，但免去吻皇帝手的礼节，这使乾隆极觉不快，他说：“似此妄自骄矜，朕意甚为不惬。”当即下令“减其供给”。与此同时，原来计划给予使臣的一些额外赏赐也全行取消了。

当年八月中旬以后，使团一行回到北京，并与以和珅为首的清朝政府官员举行了会谈。这时，马戛尔尼开始撕下了友好通使的面纱，代表本国政府提出了一系列的侵略性要求。其主要内容是：⑴要求清朝政府于广州之外，另开舟山、宁波、天津等地作为通商口岸，并准英国派人常驻北京，照料本国买卖事宜；⑵要求清朝政府割让舟山附近一小岛和广州附近一小块地方，以为英商居留和贮存货物之处；⑶要求清朝政府对于进入中国内地各口岸的英国商品给予减税、免税之优待；⑷要求清朝政府准予英国教士在中国境内自由传教等。至此，马戛尔尼使华的真正意图全部暴露。对于这种不加任何掩饰的赤裸裸的侵略要求，乾隆十分愤怒，并以颁给英王敕谕的形式迅速作复，逐条驳斥，全然拒绝。针对其所提出的派人留京贸易和增开通商口岸的要求，敕谕指出："与天朝体制不合，断不可行。"对于割让土地，则严正指出，"天朝尺寸皆归版籍，疆址森然，即岛屿沙洲，亦必划界分疆，各自专属"，"此事尤不便准行"。对于要求减免英国商品税以及自由传教，乾隆也概不让步，坚持"照例公平抽收，与别国一体办理"；"任听夷人传教，尤属不可"。有鉴于该使团完全是为英国政府侵略中国而来，与其自称的友好通使截然相反，乾隆限令使团一行于当年九月初离京返国。为了防止其沿途滋事，除派专人监送之外，乾隆还指令各地督抚“只须照常供应，不可过于丰富”，“倘有藉词逗留等事，应饬令护送官员严词拒绝，催令按程前进，毋任迁延”。这样，马戛尔尼一行来华，经过一番“最礼貌的迎接，最殷勤的款待”之后，又在清朝政府“最警惕的监视”之下以“最文明的驱逐”方式离开了中国。与此同时，乾隆开始认识英国“在西洋诸国中较为强悍”，为防止其因外交上的失败而对中国进行武装挑衅，还多次颁布谕旨，强调加强海防建设，要求沿海省份督抚严饬所属“认真巡哨”，如有英船借贸易为名，近岸骚扰，“即行驱逐出洋”。在乾隆的一再督促下，对于西方资本主义国家的侵略活动，清朝政府一直处于戒备的状态。海防建设

英使马戛尔尼描述的清军

也有所加强，从而在一个时期中，海疆相对安定，对于维护国家的独立和主权，无疑起到了重要的作用。

马戛尔尼使华之际，乾隆已至83岁高龄，但是，为了维护国家的独立和领土完整，仍然与之进行了坚决的斗争。这些活动，代表了中国人民的共同利益，使得英国使团“新奇而微妙”的使命遭到失败。另外，由于多年以来的闭关自守政策，乾隆对国际事务几乎一无所知，兼之以晚年骄傲情绪空前滋长，因而在英使来华时夜郎自大，目空一切，甚至无谓地为觐见礼节而往返争执，也在英国侵略者面前暴露了这位君主的无知和愚昧。

据史载，英使马戛尔尼来华，仅只一次，是在乾隆五十八年（1793），而有的小说却称其两度来华，并不符合历史事实。又，马戛尔尼使华之日，福康安正在两广总督、四川总督任上，并未参与双方谈判，而有的小说却将福康安与英国使臣谈判情形写得绘声绘色，如同亲眼所见，虽然情节颇为生动，但却不是史实。

正如英国使臣马戛尔尼回国后报告所说，清帝国不过是一艘破烂不堪的战舰，随时都有沉没的危险。湘黔苗民起义和川鄂陕白莲教起义，标志着乾隆专制统治的结束，清王朝的盛世一去不复返，无可挽回地走向衰落、灭亡。

六、一世风流：天子暮年壮心不已

1. 紧握大权的太上皇

退位后的乾隆扮演的是太上皇的角色。按规定，臣僚题奏，凡遇“天”“祖”字上高四格抬写，太上皇高三格抬写，皇帝高二格抬写。但是授受大典后才半个月，就发生了湖广总督毕沅奏折不按规定格式书写的事件，乾隆认为这是无视自己的最高权威，因此严加斥责。

成就感和使命感推动乾隆帝终身不懈地紧握权力，处理政务，可谓“天子暮年，壮心不已”，这种帝王人格是难能可贵的。问题是自然法则无情，岁

嘉庆皇帝

月不饶人，太上皇垂垂老矣，心有余而力不足。一个拥有3亿人口的庞大帝国的重担他挑得起吗？更何况嘉庆当皇帝时已三十五六岁了，比乾隆登基时还大10岁，他受过良好的教育，又经历乾隆后期的各种政治风云，如果乾隆能在宏观决策上、大政方针上把握好，放手让嗣皇帝处理政务，这对嗣皇帝的培养锻炼不是更好吗？又何必要乾隆皇帝“归政后并未退居宁寿宫，仍在养心殿日勤训政，事无巨细，皆余自任之”呢？

乾隆晚年朝政的腐败与乾隆“训政”有关。乾隆给嘉庆皇帝留下的是内创累累、积重难返的衰败局面。

由于年迈的太上皇继续独揽大权，不能发挥嘉庆皇帝的作用，太上皇的第一宠臣和珅越来越胆大妄为了。他可以左右乾隆的意旨、出纳帝命，嘉庆皇帝有事要奏报太上皇也需由和珅代转。以致专擅蒙蔽，下情不能上达。在朝诸臣甚至嘉庆帝对他都不得不畏惧几分。一次宴席上，和珅奏请乾隆减掉太仆马匹，甚至影响到皇帝乘骑，因此嘉庆帝很不高兴地自语说："从此不能复乘马矣。"和珅还以打扰太上皇清修为借口将军事失利的密折扣押。嘉庆初年，白莲教在各地起义，清廷派兵镇压，各路将帅竟虚报功级、冒领粮饷，其背后的大靠山都是和珅。和珅像蔽日的浮云一样导致太上皇的昏蒙。全国总共才六个部，和珅管户部、刑部、吏部，部务全由他一人把持。乾隆由于衰老，批折字画偶有不真之处，和珅胆敢"口称不如撕去"，竟另行拟旨。训政期间，乾隆的很多谕旨都是由和珅传达出来的，乾隆在圆明园召见和珅，而和珅竟骑马直进左门，过"正大光明殿"至寿山口，一派"无父无君"的气势。总而言之，传位大典后嘉庆皇帝在其位而不谋其政，太上皇不在其位偏谋其政，可是他又没有的足够的精力谋其政，反被奸臣贪官和珅窃权，滥施淫威，"怙宠贪恣"，把朝野上下搞得乌烟瘴气（参见刘正国著:《透视乾隆：乾隆的人生哲学》，敦煌文艺出版社1999年版）。

2.长寿帝王的养生道

乾隆皇帝89岁辞世，是自古以来寿命最长的帝王。他的体魄也很健壮，这与他的养生之道密切相关。据军机章京赵翼记载："上每晨起，即进膳。膳后，阅部院所奏事及各督抚折子，毕，以次召见诸大臣，或一人独见，或数人同见，日必四五起。最后见军机大臣，指示机务讫，有铨选之文武官，则吏、兵二部各以其员引见。见毕，日加巳，皆燕闲时矣。或作书，或作画，而诗尤为常课，日必数首。"（《清实录·高宗纯皇帝实录》）

朝鲜人对乾隆的生活作了这样的记载："皇帝寝食起居，自御极后，无论四时，卯时而起，进早膳后，先览中外庶政，次引见公卿大臣与之议决，至午而罢，晚膳后，更理未了公事，间或看书制诗书字，夜分乃寝。平生不饮酒，不嗜异味，朝夕进食，不过数匙，体力康旺不衰。"

由此可知乾隆的生活极有规律。劳与逸能做有序的安排。一天的安排如此，一年的活动也有大致的规律。正月幸圆明园，三月小驻盘山，夏秋之交到热河避暑，进哨木兰，围猎于草原林莽中。外出巡幸之外，皇帝还常常到北海、中南海、圆明园、万寿山清漪园、香山静直园、玉泉山静明园等名胜游览。平常一年，游幸之日已近半年，更不用说南巡、东巡谒祖、朝圣，西巡五台山了。

乾隆也注意锻炼身体。锻炼的方式主要是骑射。他85岁还能开弓射箭，因此自豪地说："予自幼龄肄习武事，即位后以骑射为我朝家法，不敢少疏。忆乾隆初年用五六力弓，钩阎裕如。至癸亥年【乾隆八年（1743）】初诣吉林时，竟用至九力，而舍矢命中，幸不虚发。嗣以年逾六旬，臂痛不复步射，而近年围中马射，即鹿而鹿犹能如前，虽弓力渐减，而不下三、四力。”（《清实录·高宗纯皇帝实录》）65岁以前，乾隆每年从京师启銮巡幸木兰至避暑山庄7天的行程中，总是骑马而行。以后年事渐高，这段路程也是先骑马至清河，然后再改坐轿。

注意饮水恐怕也是乾隆体健长寿的秘诀之一。当时没有自来水，没有现代科学使水净化的种种手段。乾隆对饮水极为讲究，以致到了刁钻古怪的地步。在避暑山庄时，他要用荷叶上的露水煮茶。乾隆二十三年（1758）《趁凉》诗中有“收来荷露堪烹茗”之句即指此事。乾隆二十四年（1759）他在《荷露烹茶》诗中描绘得更为具体：

秋荷叶上露珠流，柄柄倾来盎盎收。
白帝精灵青女气，惠山竹鼎越窑瓯。
学仙笑彼金盘妄，宜咏欣兹玉乳浮。
李相若曾经识此，底须置驿远驰求。

清晨太阳还未出来，众太监就驾着小船，带着瓷罐，收集荷叶上的点点露珠，积少成多，专供乾隆一天烹茶之用。

乾隆备有一个特制的良斗，用它测定水质的等次。天下泉水经他测定，认为直隶玉泉山水质最佳，惠山、虎跑的泉水次之。南巡途中供乾隆饮用的水有专门要求，在直隶用玉泉山泉水，在山东用济南珍珠泉水，在江苏用镇江金山泉水，在浙江用杭州虎跑泉水。在山西五台山礼佛时他饮的是雪水。他曾作了一首《雪水茶》，以咏雪中茶的诗：

> 山中雪水煮三清，大邑瓷瓯入手轻。
> 屏去姜盐嫌杂和，招来风月试闲评。
>
> 适添今夕灯前趣，宛忆当年霁后程。
> 只有一端差觉逊，三希即景对时晴。

他在诗的自注中说："水以最轻者为佳，此处水较京都玉泉为重，惟雪水比玉泉犹轻云。"（《清实录乾隆朝实录》）看来这雪水茶比京都玉泉水泡出的茶还要好。

乾隆还注意心理健康。乾隆是个极富感情、极重感情的人，他日理万机，碰到各种棘手的事，心烦，甚至伤心的事，他总是保持"中庸"，在养心与养身上力戒"过"与"不及"。这样就不会因喜怒哀乐过度而伤身。晚年时他说："'事烦心不乱，食少病无侵。'此二语为予养心养身良方，原别无求养生之术也。”

乾隆就是这样处变不惊，以开朗安泰的心境、冷峻的目光面对纷扰的世界与人生，迎接一个又一个严酷的挑战。

孝贤皇后

用写诗的方式宣泄心中的积郁，这或许也是乾隆保持心理平衡的一种养生之道。乾隆十二年（1747）除夕年仅2岁的皇七子永琮出痘而亡。皇后富察氏中年丧子，悲痛欲绝。在乾隆十三年（1748）三月东巡返回途中富察皇后在德州弃屣仙逝了。乾隆皇帝俯身紧握兰幄垂下的玉手，凝视着皇后苍白、安详、端庄的面容，悲恸不已。乾隆与恩爱发妻白头偕老的愿望破灭了。心中的悲哀又找不到任何一个人倾诉，于是借诗来宣泄感情。这首《戊辰大行皇后挽诗》的是这样写的（见《御制诗二集》)：

恩情廿二载，内治十三年。
忽作春风梦，偏于旅岸边。
圣慈深忆孝，宫壸尽钦贤。
忍诵关雎什，朱琴已断弦。

夏日冬之夜，归于纵有期。
半生成永诀，一见定何时。
袆服惊空设，兰帷此尚垂。
回思相对坐，忍泪惜娇儿。

愁喜惟予共，寒暄无刻忘。
绝伦轶巾帼，遗泽感嫔嫱。
一女悲何恃，双男痛早亡。
不堪重忆旧，掷笔黯神伤。

当然，这并不是乾隆皇帝知道自己的忧愁悲痛无法排遣，于是提笔写诗，有意识地用这种方法维持心理健康，但是，不可否认作诗在客观上确实收到了养心养身的效果（参见刘正国著：《透视乾隆：乾隆的人生哲学》，敦煌文艺出版社1999年版）。

乾隆皇帝虽然身处万乘之尊，却受着老庄无为思想的影响，提倡恬淡寡欲、超凡脱俗。我们从他作于乾隆十三年（1748）的《竞渡》诗中即可知悉。诗的前半截描写端午节龙身竞渡的情景，后半截抒发感想，饱含人生哲理：

既闹旋亦寂，凭观有所思。
我观竞之义，所包未可涯。
聊举数端言，以当一解颐。
四时唯其竞，双丸日夜驰。
江河唯其竞，东去不复归。
大鹏竞图南，翼若云天垂。
蟪蛄竞春秋，各各不相知。
其间人更甚，率被名利羁。
大禹竞寸阴，陶侃较分厘。
所趋背膺判，同惧晷刻移。
准竞所以劳，其劳无止期。
故无竞唯人，四方其训之。

3.爱作诗的饱学之君

乾隆一生都很自律，自幼接受满汉教育，执政后勤政好学，是历史上少有的多才多艺的帝王。单从文化素养上看，除了康熙帝，历代君王无人能与之匹敌。

乾隆重视中国的传统文化，对于藐视读书人的言行，很不以为然。有一次，他针对某些督抚每每用“书生不能胜任”或“书气未除”之类的词汇参奏属员的现象，严厉地驳斥说：

“人不读书……不可救药者也。……朕惟恐人不足当书生之称，而安得以书生相戒乎！若以书生为戒，朕自幼读书宫中，讲诵二十年，未尝少辍，实一书生也。……至于‘书气’二字尤其贵，沈浸酝酿而有书气，更集又以充之，便是浩然之气，人无书气，即为粗俗气、市井气，而不可列于士大夫之林矣。”（《清实录·高宗纯皇帝实录》）

这位以“书生”自诩的皇帝，深受宋儒影响，把“理”视为世界万物的主宰。雍正七年（1729），皇帝在上书房挥毫写下一副对联：

立身以至诚为本；读书以明理为先。

那时仅有19岁的弘历，遂以这副对联的上下二句，各著论一篇。《读书以明理为先》一文写道：

天地之间，万事万物莫不有理。理者，天之经，地之义，民之行也。是故日月星辰之朔望躔度，阴阳寒暑四时之推迁往来，皆天之气也，而有乾健于穆不已之理主宰乎其中。山川河岳，百谷草木之丽乎地以生者，亦莫不赖坤元载厚之理以为之根柢。人性之仁义礼智，赋乎天之正理也，因之而见为恻隐、羞恶、辞让、是非之情，及变化为万有不齐之事。由是观之，天下事物孰有外于理哉。故圣人之教人讲学，亦曰明理而已矣。盖理者，道也。道之者，原出于天，其用在天下，其传在圣贤，而赖学者讲习讨论之功以明之。六经之书，言理之至要也，学者用力乎明理之功以观六经，则思过半矣。

日月星辰的运行，寒暑四时的变化，百谷草木的成长，都是受“理”的主宰。在人世间，“理”还赋予人们仁、义、礼、智、信的本性。“盖理者，道也。道之大原出于天。”显然，乾隆是一个客观唯心主义者。在他看来，“圣贤”的职责，就在于传道、传理。读圣贤的“六经”，应该“用力乎明理之功”。这里，所谓用力读书，实际上是要求人们去自我完善道德修养。

乾隆还把“理”与封建纲常联系在一起。他说：

“所谓明理者，明其所当然与其所以然。所当然者，父子当亲，君臣当义，夫妇当别，长幼当序，朋友当信之谓也。所以然者，父之所以慈，子之所以孝，君之所以仁，臣之所以忠；夫之所率，妇之所以从，长之所以爱，幼之所以恭，朋友之所以责善辅仁之谓也。知其所当然，然后信之笃，而不误于歧趋。知其所以然，然后喻之深而不能以自已。”（《乐善堂集》卷

—《读书以明理为先论》）

乾隆还经常在经筵讲论中发表对儒学经典的见解。他的讲论，每每能结合政治实践。如乾隆二十三年（1758）二月，他在仲春经筵上讲《书经》中“思其艰以图其易，民乃宁”二句：

“夏不能不雨，冬不能不寒，于其常也。而民犹有怨咨者，非怨雨寒也。力耕桑而不得饱食煖衣，思其艰也。……治人者岂可不思其艰乎？思其艰当图其易。而易正不易图也，必也生众食寡，为疾用舒。”（《清实录·高宗纯皇帝实录》）

百姓之“艰”，在于“力耕桑不得饱食煖衣”，“治人者”一定要想到这一点，应该通过发展生产，达到“生众食寡，为疾用舒”，才能解决“民艰”。可见，乾隆不是死读书。他能结合国计民生的现实，诠释儒家经典（参见唐文基、罗庆泗著：《乾隆传》，人民出版社1994年版）。

乾隆精通历史，他非常强调“正统”史观，这当然有其政治目的。

爱新觉罗氏以少数民族统治者的身份，建立君临全国的封建王朝。但要把这一政权长久地稳固在人们的心中，还需要铲除在汉族士大夫头脑中根深蒂固的华夷之辨的传统观念。为此，乾隆既重视清王朝建国历史，也重视历史上少数民族政权的历史地位。乾隆四十年（1775）七月，他阅读元代托克托等人修撰的《金史》，对编纂者“妄毁金朝”很不满意，说“夫一代之史，期于传信。若逞弄笔锋，轻贬胜国，则千秋万世之史，皆不足信，是则有关于世道人心者甚大”（《清实录·高宗纯皇帝实录》）。乾隆多次说过封建“正统”论应当是修史的基本观点：

> 朕之厘正书法，一秉至公。非于辽金有所偏向。盖历代相承，重在正统。如匈奴在汉，颉利在唐。……即宋室运际凌夷，然自徽（宗）、钦（宗）以上，共主位号犹存，书法尚宜从旧。若五季时，中国已瓜分瓦解，不独石晋为辽所立，即梁唐诸代，亦难与正统相衡，犹之南宋以后，不得与汉唐北宋并论也。且朕意在于维持正统，非第于历代书法为然。惟我开国之初，当明末造，虽其国政日非，而未及更姓改物，自宜仍以统系予之。至本朝顺治元年，定鼎京师，一统之规模已定，然明福王犹于江南仅延一线，故‘纲目’之篇，及《通鉴辑览》所载，凡我朝与明交兵事迹，不令概从贬斥。而予甲申三月，尚不遽书明亡。惟是天心既已厌明，福王又不克自振，统系遂绝……盖能守其统，则人共尊王；失其统，则自取轻辱。实古今不易之通义也（《清实录·高宗纯皇帝实录》）。

乾隆“正统”论，表面看来是对历史的尊重。他说，清灭明，虽然续接明朝的正统地位，但有个过程。南明福王小朝廷尚在，明统一线尚存。南明覆灭，上天才完全集统于有清。所以，清是接替明而获得正统。这里，乾隆实质是要强调大清的正统地位。乾隆“正统”观与元末杨维桢所著宋辽金《三史正统辨》是一致的。杨维桢这篇文章被陶宗仪收录在《辍耕录》中。文章认为，“今日之修宋、辽、金三史者，宜严于正统与大一统之辨”。所谓“正统”，杨维桢认为指的是“万年正闰之统”，亦即以皇帝年号为象征的皇权，但皇权并非任何人都可谋取。它一方面“系于天数盛衰之变”，是一种由“天数”所决定的“天命”；同时也是“出于人心是非之公”，在人世间体现为民心或民意，而且它又由圣人所阐述“立于圣人之经，以扶万世之纲常”，成为治世的最高道德准绳。所以，杨维桢的“正统”论实质是天命论与道德论相结合的皇权神圣论，即所谓“统出于天命人心之公”（陶宗仪:《辍耕录》卷三《正统辨》)。杨维桢还认为，正统“起于夏后传国，汤武革世”，一脉相传。但是，具有“正统”地位的王朝，不一定都居于“大一统”的政治地位，如三国时蜀汉和南宋政权。宋辽金对峙时期，正统在宋，不在辽或金。杨维桢认为元朝是“接宋统之正者”，反对把元看作接辽、金之统。杨维桢的《正统辨》曾被《四库全书》馆的编纂者视为“持论纰缪”，要从《辍耕录》中删除。唯有乾隆看出“正统”论的现实政治意义，多次肯定“其论颇正，不得谓之纰缪”（清实录·高宗纯皇帝实录），说“《正统辨》使天下后世晓然《春秋》实大公至正，无一偏奇之见”，其文应予保存。乾隆宣传正统论，是要反对华夷之辨。既然“正统”是天命与人心的产物，是治世纲常，那么对于居“正统”地位的清王朝，对于夷狄问题，也不必考究了。乾隆说：“至于东夷西戎，南蛮北狄，因地而名，与江南河北山左关右何异。孟子云舜为东夷之人，文王为西夷之人，此无可讳，亦不必讳。但以中外过于轩轾，逞其一偏之见，妄肆讥讪，毋论桀犬之吠。”（《清实录·高宗纯皇帝实录》）

乾隆还写了不少史论文章，纵谈古今治乱兴衰。他尤其重视历代帝王的统治经验，评论明君御世之术。他认为，要治理好天下，除了帝王本身的道德修养之外，还要搞好君臣关系。他在《上下交而其志同论》中说：

> 夫天下安宁，治登上理，必赖明良一德，咨谋启沃，然后上下一心，庶绩允凝而万方顺则也。《易》曰“上下交而其志同”，可以觇治世之气象矣。盖天高而地下，君尊而臣卑，理势之当然也。君之不可下于臣，犹天之不可卑于地。然天地之形不可交，而以气交。上下

之分不可交，而以心交。故阴阳和而万物顺，上下交而万民化。此天地之常经，古今之通谊也。上下一心，君臣相得则治，反之则乱……（《乐善堂集·上下交而其志同论》）

君臣尊卑之别，犹如天地上下之分。但天地以气相交，才使万物和顺。君臣也要以心相交，才能使天下得到治理。

乾隆还认为，皇帝治理天下，必须任贤能，采嘉言：

夫天下之治乱，系于人臣之邪正。而人臣之邪正，又在人君之用与不用也（《乐善堂集·褚遂良论》）。

在一篇题为《嘉言罔攸伏论》文中，乾隆以古为鉴，详细论述了国君能否纳谏从善，是国家兴衰治乱所攸关。文章首先提出，国君个人认识有局限性，应当兼采众智：

盖天下之智有不同，而天下之理无一定。故恃一人之智以为智，不若兼千百人之智以为智。人君虽明，足以照万邦，烛万事，然天下千百人之智又何能尽兼？万事之至赜至动，参错不齐者，又何能尽明？所赖人臣陈善闭邪，补衮之所阙，使嘉言谠论日闻予前，然后微烛隐政无不通，而明无不照。然人臣之能尽言者，由人君有以启之矣（《乐善堂文集·嘉言罔攸伏论》）。

再高明的皇帝，也不可能烛照万物，洞察一切，必须“赖人臣陈善闭邪”。而人臣能否做到言无不尽，关键在于国君能否鼓励人臣讲话。乾隆这一席话，说得相当动人。接着，他还比较了汉、唐、宋几位皇帝的治绩。汉文帝虽“仁厚俭约有余”，但缺乏“骨鲠之臣”，宋仁宗有韩琦、富弼、范仲淹、欧阳修诸臣却不能用。唯有唐太宗得房玄龄、杜如晦、魏征等，“终日陈言绳愆纠谬，唐太宗屈己从之。贞观之风，远过于文帝仁宗者，职此之由。由是观之，纳谏听言顾不亟哉”。桀、纣、幽、厉和秦始皇，就是因拒谏，甚至杀害敢于讲真话的大臣，才导致灭国绝嗣。历史确实给乾隆以有益的启迪，增长了他的治国才干，所以，他多次说：“朕幼读书，颇谙治理。”（《清实录·高宗纯皇帝实录》）

乾隆帝生活中最爱作诗，“若三日不吟，辄恍恍如有所失”（《清高宗御制诗初集·跋》）。据统计，他在位60年间，所作的诗多达41800多首。即位以前《乐善堂集》中1000余首与退位以后作的诗，尚不在此数。

乾隆帝写诗数量之多，令人咋舌，但其中佳作甚少，绝大部分诗缺乏诗味，读来味同嚼蜡，有的还颇晦涩费解。

出手快，不加锤炼，是乾隆作诗的基本风格。他说，写诗“岂必待研警句，兴之所至因笔拈”。这种随兴拈笔、不求韵律的作品，难免徒有诗的格式，而无诗的韵味。如《免除宿迁等地部分正赋》长诗中云：

因思时巡免正供，十分之三常例耳。
数县瘠土应倍怜，益二至五斯可矣。

通常减免的数额是正赋的3/10，这几县土地瘠硗，增免2分，共计免5分可以了。这与其说是诗，毋宁说是宣布免征田赋的数目，韵味索然，意境全无。有时，他为了硬拼成五言或七言一句，甚至不惜任意删改名词，如“哈萨克”减一字作“哈萨”，“扎什伦布”增一字作“扎什焕伦布”。

乾隆诗不仅少韵，而且寡情。这是由作者思想、个性和生活经历所决定的。乾隆满脑君主至尊至贵观念，臣民对他要绝对地忠顺。他的人际关系，是主宰与服从、统治与被统治、恩赐与被恩赐的关系。除了怀念亡妻富察氏等少数诗篇之外，他的诗总是充满了主宰者的孤傲、统治者的权威和恩赐者的“慈悲”，如乾隆三十年（1765）他第四次南巡至清江浦，作《清道河杂咏》：

迎銮黎庶聚犹多，雨里那曾笠与蓑。

爱敬真如子于父，可无惠保计如何。

众多的黎庶在雨中迎驾，既无笠也无蓑。他们对我真像儿子对父亲那样崇敬，我应当向他们施什么恩惠呢？这种高踞百姓之上以救世主自命的人，对风雨中的黎庶，怎么可能写出富有情感的诗呢？历来吟农夫耕作的诗不少，乾隆在潜邸时也作过一首《古体诗·观割麦》：

麦苗入夏结穗黄，东垅西垅硕且长。
老农此日走田忙，腰镰遍割乐岁穰。
笑看黄云各成片，密茎随手行行乱。
肩挑背负晒檐头，饘粥有余他不羡。
呼儿莫逐飞来雀，令渠亦识收成乐。

作者以皇子的身份，在一旁观看麦收，他只能就劳动的场景作皮相描绘。农夫劳动的艰辛，他无法体会。至于用“呼儿莫逐飞来雀”来衬托农夫收获的喜悦，更是大谬不然。这首诗，作者要歌颂的仅仅是清王朝的太平盛世。

乾隆经常以诗说教，这类诗尤其低劣。他在《读杜牧集》五律诗中说，“所输老杜者，一饭不忘君”，认为杜牧不如杜甫之处，就因为杜甫具有“一饭不忘君”的忠君思想。这种评判，倒是非常符合乾隆的身份。乾隆八年（1743），他东巡回京路过山海关，在关外凭吊孟姜女的墓与祠，写下《姜女祠》：“千古无心夸节女，一身有死为纲常。”被秦朝暴政夺去爱情的孟姜女，万里寻夫，哭倒长城，这一传说是对封建帝王的控诉。但在乾隆笔下，孟姜女成为维护封建纲常的楷模。这种随意改变传说中人物形象的诗，自然引不起人们的共鸣，缺乏感染力。

乾隆自称“十全老人”，自诩有“十全武功”。但是所有的战争，他无一亲征。他靠前线奏折指挥战争，也是凭奏折咏战争。所以，乾隆写战争的诗虽然很多，却不可能有真切的意境描绘，自然也难以此去拨动观者的心弦。他写战争的诗，仅仅是流露出胜利者意满志骄的情绪，或者干脆以诗来表彰建功将士，如《御午门受俘馘》：

函首霍占来月窟，倾心素坦款天阊。
理官淑问宁须试，骠骑穷追实可臧。
西海永清武大定，午门三御典昭详。
从今更愿天斯事，休养吾民共乐康。

霍集占传首京师，乾隆午门受馘，典礼隆重，踌躇满志，希望从今后“西海永清”，可以“休养吾民”。

这种纪事诗，作者扬扬自得，但诗味淡如水。又如乾隆十四年（1749），岳钟琪协助经略傅恒平定大金川后还京，乾隆帝作《岳钟琪入觐诗赐之》：

剑佩归朝矍铄翁，番巢单骑志何雄！
功志淮蔡无惭李，翼奋渑池不独冯。
早建奇勋能鼓勇，重颁上爵特褒忠。
西南保障资猷略，前席敷陈每日中。

这首诗，头两句还对这位老将作形象化的描绘，余下的均系褒词，充其量是用诗的格式写成的一纸奖状。

不过，乾隆毕竟是有作为的皇帝。他对国计民生，尤其是农业生产是关心的。在靠天吃饭的年代，他特别关心的是水与旱。淫雨或久旱，都会令他坐立不安。乾隆四十九年（1784）三月他第六次南巡到达江苏，还挂念着陕北、河南、山东等地的旱情。五日，他传旨询问以上3省曾否续得雨泽，说"朕念切雨旸，时深廑注耶"（《清实录·高宗纯皇帝实录》）。十一日，在苏州府，半夜梦醒听得雨声，遂作《夜雨》：

夜雨打船窗，恰值清梦醒。
入耳适宜听，披衾不觉冷。
即南已增润，忆北牵怀永。

须臾声渐稀，无眠以耿耿。

他从江南下雨，又想到北方三省。在“忆北牵怀永”一句后面，注释道：“时北省正望雨之际，未知此泽遍及否？”乾隆对农事忧念萦怀，情跃纸上。这一首是乾隆数万首诗中不可多得的佳作。

乾隆在位期间，屡次出巡，因而对民间疾苦，多少有一些了解，如《石门驿》一诗，写的是乾隆七年（1742）他去遵化东陵路上看到的一个在地租与赋税重压之下愁苦的老农：

路旁一农父，倚杖愁默默。……租吏下乡来，款接完赋额。吏去业主至，逋欠坐求责。吾农三时劳，曾无一日适。我闻凄然悲，执政无良画。……罔民焉可为，恒产究安则。翁其善保躯，展转增叹息。

诗中，乾隆从老农终岁劳勤，却为租赋逋欠所逼，而对自己“执政无良划”作了反省。身为封建帝王，能写出这样的诗，可谓难得。

乾隆自己说过：“予向来吟咏，不屑为风云月露之辞。每有关政典之大者，必有诗记事。”【《（乾隆）御制诗余集》卷二《惠山园八景》诗注】乾隆的诗符合皇帝的身份，与政治、历史息息相关，是研究乾隆时期的珍贵史实资料。

4.一代帝王的情感世界

封建帝王历来多妻，乾隆一生后妃不下40位，数量之多，在清代帝王中仅次于康熙。他先后册立过两位皇后，即富察氏与乌喇那拉氏。

富察氏先后生两男两女。大儿子即二皇子永琏，乾隆帝已内定建储为太子，死于乾隆三年（1738），只有9岁。第二个儿子即皇七子永琮，又于乾隆十二年（1747）除夕这一天因出痘去世。36岁的富察氏中年失子，其悲痛可想而知，“乃诞育佳儿，再遭夭折，殊难为怀”（《清实录·高宗纯皇帝实录》）。

乾隆对富察氏的感情是真挚的。富察氏死后，为悼念亡妻，乾隆曾作《述悲赋》写道，“痛一旦之永诀，隔阴阳而莫知”；“纵糟糠之未历，实同甘而共辛”；“制泪兮泪滴襟兮……强欢兮欢匪心”；“对嫔嫱兮想芳型，顾和敬兮怜弱质”；“入淑房兮阒寂，披风幄兮空垂”（《清史稿·后妃传》）。这位叱咤风云的皇帝，对妻子哀思也是那样缠绵深沉。他多次南巡，望济南绕道而过，怕的是触景生情。乾隆三十年（1765），他第四次南巡时写道：

济南四度不入城，恐防一入百悲生；

春三月昔分偏剧，十七年过恨未平。

（乾隆《御制三集·四依皇祖南巡过济南韵》）

孝贤皇后（富察氏）的去世，还惹起了几场政治风波。各地方官获悉皇后去世，纷纷呈表向皇帝请安，并要求进京叩谒梓宫。所有表章都用“衔哀泣血，五中如裂”；“哀痛惨裂，伏地呼抢”等夸张语言来表达自己对皇后去世的悲痛之情。乾隆心里明白，这一切都不是“出于中心之诚”，但他仍然要求每一个官员要“以君臣义重”具折请安，以示诚悃。特别是旗员，“沐恩尤为深重”；“义当号痛奔赴”。为此，各省满族督抚、提督、将军、都统、总兵官等，凡得悉皇后“大事”而不行奏请来京号痛者，皆谕令降二级留用，或销去军功纪录。据统计，因此而受处分的满族官员达53名，其中包括两江总督尹继善，闽浙总督哈尔吉善，湖广总督塞楞额、漕督温著，浙江巡抚顾琮，江西巡抚开泰，河南巡抚硕色，安徽巡抚纳敏等。

在备办皇后的丧礼中，又有一大批官因失职而受处分。

四月二十日乾隆发现，孝贤皇后的册文中，“皇妣”二字，译成满文时，误作“先太后”，气愤地斥责说：“从来翻译有是理乎？此非无心之过，文意不通可比。”管理翰林院的是刑部尚书汪克敦。乾隆认定，因此前在张廷玉问题上“解其协办大学士之故，心怀怨望”（《清实录·高宗纯皇帝实录》），是有意的，拟斩监候，秋后处决（后获赦）。其他如满族尚书盛安、吏部侍郎德通、翰林院侍读学士塞尔登等有关官员均受处分。五月，工部办理谥皇后宝册，“甚属粗鄙”，该部主要官员“以大不敬罪”受到处分（《清实录·高宗纯皇帝实录》）。在册谥皇后时，“礼部未议王公行礼之处，于礼未协”，堂官交部议处。乾隆还发现，皇后灵前祭品，办理草率，将经管的光禄寺卿增寿保、沈起元降级调用。

因触犯“国丧百日内不许剃头”的规定而获罪的官员就更多了。乾隆虽降旨在孝贤丧期百日内，文武各官不许剃头，但大清会典律例中没有这条规定。所以，被参百日内剃头者越来越多。六月十二

乌喇那拉氏皇后

日，乾隆又发布命令，已经发觉百日剃头者，要他们“自当参处”，即自动请求处分。其余未发觉，概不另饬查，但“旗人本属当知，若有丧心之徒，不在此宽免之例”(《清实录·高宗纯皇帝实录》)。实际上，不管是满族还是汉族官员，百日内剃头都受到处分。如闰七月发现，江南总河周学健于皇后“大事后二十七日甫毕即已剃头”，他的下属全部在百日内剃头，乾隆立即将周学健“逮捕治罪”。江南总督尹继善明知不奏，革职留用(《清实录·高宗纯皇帝实录》)。不久，乾隆帝又获悉，湖广总督塞楞额、湖北巡抚彭树葵、湖南巡抚杨锡绂以及两省文武官员俱已剃头，严厉斥责说：“况君臣上下之所以维系者，以有名分。若于名分所在，慢忽而不知敬畏，渺忽而漠不相关，则纪纲凌替，人心浇漓，将不可问，所关至为重大。”(《清实录·高宗纯皇帝实录》)满洲官员塞楞额革职，汉籍官员彭树葵、杨锡绂革职留用（参见唐文基、罗庆泗著：《乾隆传》，人民出版社1994年版）。

富察氏去世之后，乾隆于十三年（1748）七月一日立娴贵妃乌喇那拉氏为皇贵妃，并富察氏皇后丧期满27个月之后，才册封乌喇那拉氏为皇后。

众多的后妃中，乾隆较宠爱的，是一位来自新疆维吾尔族的妃子，宫中赐号“容妃”。

容妃身世，《清史稿·后妃传》仅有寥寥数语：

容妃，和卓氏，回部台吉和扎赉女，初入宫，号贵人，累进为妃，薨。

“和扎麦”是维吾尔语对“和卓”的尊称，意即“我的和卓”。据学者考证，这位“和扎麦”就是三等台吉帕尔萨。另一说，容妃生父阿里和卓，帕尔萨是她的叔叔。阿里是回部第29世和卓，与布拉尼敦、霍集占同出和卓家族。阿里的儿子即容妃之兄图尔都，对大小和卓叛清行径持反对态度。乾隆二十三年（1758），将军兆惠所部被困黑水营时，图尔都发兵攻打喀什噶尔所属英吉沙尔，缓解了大小和卓对兆惠所部压力，使兆惠转危为安。图尔都因功于乾隆二十七年（1762）封晋国公，而容妃叔叔额色楞先于乾隆二十四年（1759）因军功受封辅国公。

乾隆二十四年（1759）九月，当图尔都进京之时，乾隆降旨命兆惠班师时，带图尔都家口进京。第二年二月，兆惠班师返京时，容妃与她的六叔帕尔萨等随同到达。二月四日，容妃入宫，封贵人，给赐甚丰。这一年她27岁，宫中认为她姓“和卓”，所以称“和贵人”。两年后，即乾隆二十七年（1762）五月，她晋封为容嫔，乾隆三十三年（1768）六月，她35岁时又晋封容妃。

容妃入宫后，乾隆尊重她的生活习惯、宗教信仰和本民族的特殊爱好。乾隆二十六年（1761）正月，容妃入宫未满1年，维吾尔族杂技艺人也被召入宫中，表演玩小羊、玩绳杆、斗羊等本民族传统节目。容妃始终信奉伊斯兰教，以至于在她死后棺木上有手书的阿拉伯文《古兰经》。乾隆二十三年（1758），乾隆曾于西内建“宝月楼”（今之新华门）。容妃进宫后，又于宝月楼墙外特建“回子营”，又建回教礼堂，供维吾尔族人礼拜。容妃平日在宫中仍是本民族衣着打扮。因此，乾隆三十三年（1768）六月封妃之前，颁旨说：“容嫔封妃，现无满洲朝冠、朝服、吉服，应赏给其项圈、耳坠，数珠。”（《内庭赏赐例》三）宫中还设有维吾尔族厨师，专门为容妃做饭。容妃有时也让自己的厨师，烧作民族风味进献皇帝。如乾隆四十六年（1781）正月五日，在斋宫晚膳时，回族厨师烧了两道名菜，即“谷伦杞（抓饭）”和“滴非雅则（洋葱炒的菜）”，受到皇帝的赞赏。

容妃还屡次随驾出巡。她不仅随驾出关外木兰哨鹿，而且还到过江南。乾隆三十年（1765）乾隆第四次南巡时，随行的后妃中除皇后乌喇那拉氏，还有令贵妃、庆贵妃、容嫔、永常在和宁常在。随行的王公大臣中，也有容妃的哥哥图尔都。这对来自天山脚下的兄妹，领略到苏杭等地碧山绿水的秀丽风光。在下江南的途中，容妃受赏赐的食品，有不少是用羊肉、鸡、鸭烹饪的。乾隆三十六年（1771），她又随驾东巡泰山，到曲阜拜谒孔庙。乾隆四十六年（1781），她随驾到盛京，在八月二十日、二十四日两次赐膳中，其他妃子赏的是野猪肉，唯容妃一次赏鹿肉，一次赏狍肉。

乾隆对容妃的家属也给优厚待遇。乾隆二十五年（1760）四月，乾隆将宫女巴朗赏给图尔都为妻。乾隆四十三年（1778），图尔都死后无子，由侄儿托克托袭晋国公。乾隆五十五年（1790），容妃叔叔额色楞死，其子喀沙和卓本来要降等承袭，但乾隆加恩批准仍袭辅国公。乾隆五十六年（1791），又因其勤奋奉职，加封镇国公。容妃的堂弟额色尹从子玛木特于乾隆四十四年（1779）卒，子巴巴袭二等台吉。乾隆四十八年（1783）又议定，巴巴如无功绩，死后乃子降袭四等台吉。但是，乾隆五十三年（1788）又改定，“世袭二等台吉罔替”（《回疆通志》第四卷）。乾隆给容妃家族的优厚待遇，绝不仅仅是爱屋及乌，更重要的是希望通过这些政策，与维吾尔族上层人物搞好关系。

乾隆五十三年（1788）四月十九日，容妃与世长辞，终年55岁。临死前，她把大量物品赠送给宫中后妃、公主，太监、宫女以及娘家的图尔都、额色尹妻子和自己的姐妹，死后，容妃被安葬在今河北省遵化县裕陵妃园寝内。

容妃死后，有关香妃的传说逐渐流传开来。尤其是辛亥革命之后著的稗官野史，如《满清十三朝宫闱秘史》《清稗类钞》《清朝野史大观》等，或说容妃本是小和卓霍集占之妃，或说是大和卓布拉尼敦之女，在清军平定回疆之时，被生擒入宫。此女天姿国色，体有异香，被乾隆纳为妃子，号香妃。香妃因承宠遭妒，诸妃共谮于皇太后。皇太后乘乾隆外出，将香妃赐死。另一种说法是，香妃入宫之后，袖藏白刃，欲杀乾隆以报民族仇恨。太后得知后，将香妃赐死。1914年，原北平故宫陈列所举办了一次轰动一时的展览，展出10余张美人像油画，说是乾隆时宫廷画家意大利人郎世宁所作，其中一幅戎装女子画，是香妃像，并作简介说：

> 香妃者，回部王妃也。美姿色，生而体有异香，不假熏沐，国人号之曰香妃。或有称其美于中土者，清高宗闻之，西师之役，嘱将军兆惠一穷其异。回疆既平，兆惠果生得香妃，致之京师，帝于西内建宝月楼居之。楼外建回营，毳幕韦鞲，具如西域式。又于武英殿之西浴德堂，仿土耳其建筑，相传亦为香妃沐浴之所。盖帝欲藉种种以悦其意，而内稍杀其思乡之念也。讵妃虽被殊眷，终不释然，尝出白刃袖中示人曰："国破家亡，死志久决。然决不效儿女汶汶徒死，必得一当以报故主。"闻者大惊。但帝虽知其不屈，而卒不忍舍也。如

是数年，皇太后微有所闻，屡戒帝弗往，不听。会帝宿斋宫，急召妃入，赐缢死。有图即香妃戎装像，佩剑矗立，赳赳有英武之风，一望而知为节烈女子。

这次展览，实物和图文三者并茂，又是故宫所办，人们信以为真。香妃的故事，海外也广泛流传，日本、美国还出版了有关香妃的文字。实际上，那一位心怀民族仇恨的香妃，子虚乌有。在乾隆后宫，只有一位为民族和睦团结做过有益贡献的容妃（参见唐文基、罗庆泗著：《乾隆传》，人民出版社1994年版）。

乾隆帝有儿子17个，女儿10个。

乾隆本人长寿，但儿子大多数短命。其中2岁夭折的两个——皇七子永琮和未命名的皇九子，3岁夭折的两个——未命名的皇十子和皇十三子永璟，4岁夭折的两个——皇十四子永璐和未命名的皇十六子，9岁夭折的一人——皇二子永琏。25岁至26岁死亡的四人——皇长子永璜、皇三子永璋、皇五子永琪、皇十二子永璂，皇四子永珹活到30岁，皇六子永瑢活到47岁。因此，乾隆晚年，身边只有4个儿子，即皇八子永璇，皇十一子永瑆，皇十五子永琰，皇十七子永璘（参见唐文基、罗庆泗著：《乾隆传》，人民出版社1994年版）。

皇后富察氏生了两个儿子，即皇二子永琏和皇七子永琮。永琏生于雍正七年（1729），由雍正帝命名，

“隐然示以承宗器之意”(《乾隆实录》卷78)。此子“聪明贵重，气宇不凡”。乾隆元年（1736）七月，乾隆按乃父所创秘密建储办法，召集大臣，将立储密诏，置于乾清宫“正大光明”匾之后。所立储君就是永琏。可惜的是，永琏短命，乾隆三年（1738）十月偶染寒疾，一病不起。乾隆痛失爱子，辍朝5日，将永琏追谥为端慧皇太子。富察氏所生第二子又死于乾隆十二年（1747）十二月。乾隆伤心之余说：

> 皇七子永琮，毓粹中宫，性成夙慧，甫及两周，岐嶷表异。圣母皇太后因其出自正嫡，聪颖殊常，钟爱最笃。朕亦深望教养成立。……而嫡嗣再殇，推求得非本朝自世祖章皇帝以至朕躬，皆未有以元后正嫡绍承大统者。岂心有所不愿，亦遭遇使然耳，似此竟成家法。乃朕立意私庆，必欲以嫡子承统，行先人所未曾行之事，邀先人所不能获之福，此乃朕过耶(《清实录·高宗纯皇帝实录》)。

皇帝虽然可以驾驭一切，但主宰不了命运之神。面对着2个嫡子夭折，乾隆竟哀叹起“家法”，相信是家族命运使他不可能以“嫡子”继承大统。

乾隆长子永璜生母也姓富察，事弘历于潜邸。她死于雍正十三年（1735）。皇三子永璋生母苏佳氏。乾隆十三年（1748）三月，皇后富察氏病逝东巡途中，永璜、永璋因为没有哀伤的表示，受乾隆严厉谴责。最初，乾隆还仅斥大阿哥“茫然无措，于孝道礼仪，未克尽处甚多”。永璜的几位师傅、安达也因“未尽心教导”之罪，受罚俸处分。及至皇后丧事满100日，对永璜谴责升级了，而且涉及永璋。六月二十一日，乾隆说：

试看大阿哥年已二十一岁，此次于皇后大事，伊一切举动尚堪入目乎？父母同幸山东，惟父一人回銮至京，稍具人子之心，当如何哀痛，乃大阿哥全不介意。……若将伊不孝之处表白于外，伊尚可忝生人世乎！今事虽已过，朕如不显然开示，以彼愚昧之见，必谓母后崩逝，兄弟之内惟我居长，日后除我之外，谁克肩承重器，遂致妄生觊觎。……从前以大阿哥断不可立之处，朕已洞鉴，屡降旨于讷亲傅恒矣。至三阿哥，朕先以为尚有可望，亦降旨于讷亲等。今看三阿哥亦不满人意。年已十四岁，全无知识。此次皇后之事，伊于人子之道毫不能尽。……此二人断不可继承大统。……大阿哥系朕长子，三阿哥年亦稍长。如果安静守分，日后总可膺王、贝勒之封。……伊等若敢于朕前微露端倪，朕必照今日之旨显揭其不孝之罪，即行正法。……今满洲大臣内，如有具奏当于阿哥之内，选择一人立皇太子者，彼即系离间父子，惑乱国家之人，朕必将伊立行正法，断不宽贷（《清实录·高宗纯皇帝实录》）。

这道谕旨，不仅断绝了永璜、永璋继位的念头，使乾隆与皇长子、皇三子之间关系紧张，而且建储一事被宣布暂时搁置。这一年，38岁的乾隆春秋正鼎盛。他的儿子，除了已死的两个嫡子与皇长子、皇三子之外，其他均在9岁以下。他还要用一段时间进行考察挑选。然而，永璜遭此打击，不到两年即身亡，被追封定亲王。乾隆二十五年（1760）年仅26岁的永璋也去世，被追封循郡王。

皇四子永珹生于乾隆四年（1739），皇五子永琪生于乾隆六年（1741），皇六子永瑢生于乾隆八年（1743），皇八子永璇生于乾隆十一年（1746）。乾隆对他们的学习抓得很紧。乾隆二十年（1755）正月二十六日，乾隆偶然到尚书房，“甫及未初……并不闻皇子读书之声，行走各员，多半不到”。乾隆对各皇子“试之以诗，虽依韵完篇，而全无精义”。他说“不意平日怠惰，不能尽心课读至此”。几位老师全部被罚俸3年（《清实录·高宗纯皇帝实录》）。在这几位皇子中，永珹于乾隆二十八年（1763）出继给履亲王允祹为后，于乾隆四十二年（1777）去世，谥履端亲王。皇五子永琪，年少即学骑射，娴清语。这两项被视作清王室看家本领，受历朝帝王重视。永琪自然也就得到乾隆钟爱，于乾隆三十年（1765）封荣亲王。除去死后追谥之外，永琪在诸皇子中是第一个封王的。可惜，4个月后他因病去世。皇六子永瑢也是一个人才，工绘画，通天算，于乾隆二十四年（1759）出继为慎郡王允禧之后，封贝勒，乾隆三十七年（1772）封质郡王，乾隆五十四年（1789）再晋封亲王。他还是《四库全书》16名正总裁官之一，又当过总管内务府大臣，主持过皇帝的七旬、八旬万寿庆典，朝野都认为皇帝属意永瑢，是太子当然人选（《朝鲜李朝实录中的中国史料》卷10）。皇八子永璇“为人轻躁，做事颠倒”，“沉湎酒色，又有脚病，素无人望”（《朝鲜李朝实录中的中国史料》卷11），乾隆三十五年（1770）曾因私自外出，受乾隆斥责。

嘉庆之母——令妃

皇十一子永瑆是一位颇负盛名的书法家，“幼时握笔，即波磔成文”，成年后学习并发展了明末董其昌用前三指握管悬腕书法，号称“拨灯法”。士大夫得其

“片纸只字，重若珍宝”。乾隆很喜欢这个儿子，多次幸其府第，特命刊其字帖，亲自作序颁行。永瑆也是《四库全书》总裁官之一，乾隆五十五年（1790）封成亲王。但他“天性阴忮，好以权术驭人。持家苛虐，护卫多以非罪斥革”。据说，有一天他所乘的马倒毙，下令烹以代膳，“是日即不举爨，其啬吝也若是”（昭梿：《啸亭杂录》卷二《成王书法》、卷五《成哲王》）。嘉庆四年（1799）永瑆受命军机处行走，总理户部三库。清代以亲王领军机处，从永瑆开始。

皇十二子永璂，因其生母乌喇那拉氏忤旨剪发，也失宠于乾隆，乾隆四十一年（1776）年仅25岁便去世。乾隆几个成年去世的儿子均受追封，唯永璂没有谥爵，可见其受冷落程度。皇十七子永璘，与皇十五子永琰是同母兄弟，不好读书喜音乐，爱嬉游，然性格诙谐，为人直厚，护卫们可以当众与他倨傲嬉笑。年轻时常微服出游，间为狭巷之乐。乾隆很讨厌这个儿子。乾隆五十四年（1789）十一月，皇六子、十一子、十五子都封王，他仅封贝勒。不过，他很知趣。乾隆后期，几个阿哥都在觊觎皇位。他却对兄长们说：“使皇帝多如雨点，亦不能滴吾顶上。唯求诸兄见怜，将和珅邸第赐居，则吾愿足矣。”（昭梿：《啸亭续录》卷五《庆僖王》）果然，和珅垮台后，他得到和珅住宅的一部分，并晋封庆郡王。

乾隆帝10个女儿中，夭折5个。她们是皇长女、皇二女、皇五女、皇六女、皇八女。寿命最长的是皇三女固伦和敬公主。她是皇后富察氏所出，生于雍正九年（1731），乾隆十二年（1747）嫁给色布腾巴尔珠尔。色布腾巴尔珠尔是顺治皇帝从女端敏公主额附班第的孙子，乾隆十七年（1752）晋袭亲王，乾隆二十三年（1758）授理藩院尚书。乾隆三十八年（1773）任金川参赞大臣时，上疏弹劾率兵征剿金川的主帅大学士温福，获罪夺爵幽禁。木果木温福丧师殒命，乾隆再度起用色布腾巴尔珠尔为参赞。乾隆四十年（1775）死于军中。皇四女和硕和嘉公主，是皇贵妃苏佳氏所出。乾隆二十五年（1760）嫁给福隆安，乾隆三十二年（1767）去世，年仅23岁。福隆安是忠勇公大学士傅恒次子，曾先后任兵部、工部尚书，军机处行走。乾隆三十四年（1769）傅恒病逝，第二年福隆安袭一等惠勇公。皇七女固伦和静公主和皇九女和硕和恪公主，都是皇十五子永琰同母所生的姐姐。和静公主下嫁给超勇王策凌的孙子拉旺多尔济。和静公主死于乾隆四十年（1775），年仅20岁。和恪公主于乾隆三十八年（1773）嫁给武毅谋勇公兆惠的儿子扎兰泰。时兆惠已死，扎兰泰承爵位。皇十女固伦和孝公主，生于乾隆四十年（1775）。乾隆老年得女，且长相酷似自己，因而爱如掌上明珠。他曾对和孝公主说："汝若为皇子，朕必立汝储也。"（昭梿：《啸亭续录》卷五《和孝公主》）乾隆四十三年（1778），公主生母惇妃汪氏笞宫婢至死。乾隆认为这是宫中罕见案件，若不从重处置，于情法未为平允，但念她曾生育公主，降妃为嫔。不久又封为妃。降而复升，这与乾隆宠爱和孝公主不无关系。和孝公主长大后，性刚毅，能挽十力弓，曾男装随驾校猎射鹿，乾隆越发喜爱，未出嫁就赐以乘金顶轿。乾隆五十四年（1789），和孝公主嫁给和珅的儿子丰绅殷德。那时，和珅势虽盛，声名狼藉。公主对丰绅殷德说："汝翁受皇父厚德，毫无报效，惟贿日彰，吾代汝忧。他日恐身家不保，吾必遭汝累。"有一天，丰绅殷德在以畚锸拨雪儿戏，公主责之曰："汝年已逾冠，尚作痴童戏耶。"（昭梿：《啸亭续录》卷五《和孝公主》）乾隆死后，和珅家产被籍没。嘉庆为了照顾和孝公主，将和珅的住宅、花园以及热河寓所的一半留给这位小妹妹。丰绅殷德一家政治上一落千丈，经济上也显得拮据，全靠和孝公主治家有方，"内外严肃，赖以小康"（昭梿：《啸亭续录》卷五《和孝公主》）。嘉庆十五年（1810）丰绅殷德病死后，和孝公主还得到嘉庆多次恩赐。道光三年（1823），和孝公主病逝，年49岁，道光还亲临灵堂祭奠。

5.无力回天的后乾隆时代

伴随着乾隆的去世，中国封建社会的最后一个盛世——康雍乾盛世已经寿终正寝。乾隆传给嘉庆的是一个危机四伏的国家，正在进行的同白莲教的战争进一步消耗着国库的积累，国家的综合实力继续被削弱……嘉庆的能力远不能同他的父亲乾隆、祖父雍正、曾祖父康熙相比，而他在亲政后所面临的衰落局面却又是实实在在的……

在经历了乾隆晚期二十多年的滑坡后，人们都殷切盼望随着和珅的被处死出现一个大的转机，“天下望治之心孔迫矣”。一个令人无法接受的现状是；朝野上的翕然望治却被积重难返的弊端所淹没，和珅的阴魂依旧笼罩着政坛；和珅的党羽吴省兰兄弟依旧身居高位，不择手段地谋求升迁的风气也仍然充斥着官场；所谓励精图治、开通言路、选贤任能、惩办贪官污吏等就像是水中月、镜中花一样，可望而不可即（参见李景屏著：《乾隆王朝真相》，农村读物出版社2003年版）。

正像内阁学士尹壮图所指出的：“吏治日见澄清，贼匪（指白莲教）自然消灭；贼匪不过癣疥之疾，而吏治实为腹心之患也。”（《竹叶亭杂记》）然而要解决“腹心之患”又谈何容易！在官场上“属员以夤缘为能，上司以逢迎为喜”已经是见怪不怪，湖南巡抚郑

洪亮吉

源通过选授知县受贿8万两，云贵总督富纲勒索属下数万两，而负责为平定白莲教转运粮饷的湖北道员胡齐崙竟然大肆克扣军饷，结交带兵的封疆大吏。

于是洪亮吉破门而出，通过成亲王转呈上来一份疏奏。

洪亮吉是江苏阳湖人，生于乾隆十一年（1746）。他自幼丧父，同母亲、弟弟等一起住在舅父家，并在长大成人后同表妹结亲。洪亮吉博览群书，思维敏捷。文笔犀利，先后到安徽学政朱筠、浙江学政王杰、陕西巡抚毕沅的幕府充当幕友，协助毕沅编纂《续资治通鉴》，并参与纂修《淳化县志》《长武县志》《澄城县志》《登封县志》《怀庆县志》。洪亮吉的书法在当时也很有名气，他的字尤以篆书、隶书备受时人推崇。虽然他还未得意科场，金榜题名，但已经是名满天下。

在乾隆五十五年（1790）的会试中，洪亮吉得中一甲第二名（榜眼），受任翰林院编修。他曾主持过乡试、出任过贵州学政。在嘉庆改元后，洪亮吉被调至上书房专门负责教诲皇子奕纯。

嘉庆三年（1798）太上皇以征邪教为题大考翰林，洪亮吉在《征邪教疏》中力陈欲平邪教必先清除施政之弊，并历数施政之弊，诸如地方官吏利用赈灾大饱私囊，封疆大吏及高级将领在同白莲教作战中避战冒功与诿过他人，州县欺骗道府、道府欺骗督抚、督抚欺骗皇帝，层层欺瞒、假话连篇。此番直言自然令当权的太上皇帝乾隆老大不快，于是他便以弟弟去世、回籍治丧为由辞官。

几个月后政局突变，伴随着乾隆驾崩，和珅被逮捕并赐令自尽，朝中自是另一番气象。由于嘉庆皇帝的师傅朱珪的推荐，洪亮吉被以原官起用，但当他回到京师后，才发现一切都处在退潮之中，酝酿于他心中的兴利除弊的热望被冷酷的现实所凝固。在翰林院供职的洪亮吉被派往“实录馆”，参与修订乾隆朝实录。

洪亮吉是位站在历史高度的修史者，但这种客观的态度适用于隔代修史，并不适合修当代史，大多数人被为亲者讳、为尊者讳的古训以及当今皇帝的意志所左右。洪亮吉所提的修实录必须弄明白“何为国家之成法，何为和珅所更张，谁为国家自用之人，谁为和珅所引进以及随同受贿舞弊之人”，很难得到当权者的认同，因而体现了洪氏观点的《乾隆朝实录》的第一稿未能得到嘉庆皇帝的批准。洪亮吉一气之下提出辞职（参见冯左哲著:《和珅其人》，中国社会科学出版社2008年版）。

在离京之前，他怀着“举世皆浊惟我独清，众人皆醉惟我独醒”的孤愤，给军机处写了一份措辞尖锐的奏稿，明确指出在治罪和珅后政坛上所存在的种种弊端，归纳起来有以下五个方面：

其一，“励精图治尚未尽法”。“自三四月【指嘉庆四年（1799），此时距治罪和珅只两三个月】以来，视朝稍晏，恐退朝之后俳优近习之人荧惑圣听者不少”“盖犯颜极谏虽非亲臣、大臣之事，然不可使国家无严惮之人”(《清史稿·洪亮吉传》)。

其二，用人行政尚未尽改和珅当政之弊。激起白莲教之变的原达州知州戴如煌“虽以别案解任，然尚安处川中……近在川东与一道员联姻，恃以无恐”《清史稿·洪亮吉传》)；而百姓交口称赞的刘清仍“为州牧，仅从司道之后办事，似不足尽其长”(《清史稿·洪亮吉传》)；和珅党羽吴省兰、吴省钦未受到应有的惩罚。

其三，风气日趋卑下。在官场上“以模棱为晓事，以软弱为良图，以钻营为进取之阶，以苟且为服官之计”；部院诸臣皆云“多一事不如少一事”；督抚诸臣“其贤者，斤斤自守，不肖者亟虚营私，国计民生非所计也”。至于士风则“日趋卑下也”，“有昏夜乞怜以求署祭酒者矣，有人前长跪以求讲官矣”；翰林大考“则有先走军机章京之门，求认师生，以探取御制诗韵者矣，行贿于门阑侍卫，以求传递代倩，藏卷而去，制就而入者矣”(《清史稿·洪亮吉传》)。

其四，言路似通未通。负有言责的官员所言或“类皆毛举细故，不切政要”，或“发人之阴私，快一己之恩怨，十件之中有一二可行者”。待发部议，“而部臣又与建言诸臣各存意见，无不议驳”(《清史稿·洪亮吉传》)。

其五，吏治欲肃而未肃。整肃吏治的关键，是抓好督抚藩臬。然而“十余年来，其结果只能让百姓对上告失去信心”；“知上控必不能自直，是以往往激变……”(《清史稿·洪亮吉传》)

洪亮吉的奏疏一式三份，分别交给时任户部尚书的朱珪、时任吏部尚书的刘权之、在军机处行走的成亲王永瑆，请彼等转呈皇帝。但只有成亲王把洪亮吉的奏疏转交给了嘉庆帝，真可谓一石激起千层浪。

所谓“视朝稍晏”就是批评皇帝早朝迟到，一看到这四个字人们自然就会联想到白居易的“从此君王不早朝”。龙颜大怒的嘉庆，在接到奏疏的第二天即下达将洪亮吉革职、交军机处与刑部审理的谕令。逢君之恶的军机大臣与刑部官员以“大不敬罪”将洪亮吉判处斩立决。嘉庆皇帝可不想留下以言杀人的恶名，便将洪亮吉发配新疆充军。一年前，太上皇帝乾隆当政时洪亮吉也曾在大考中直言朝政弊端，但他并未因此受到惩罚，这是新君不得不顾及的。

伴随着55岁的洪亮吉踏上漫长的西行发配之路，他在疏奏中所提出的“言路似通未通”越发得到证实。一个朝野都不愿意承认的现实就这样真实地摆到人们的面前——所谓嘉庆新政不过是一种意念的产物，乾隆晚期所留下的问题诸如言路、吏治、种种陋规以及风气日下等，没有一个得到解决。国犹是也，民犹是也，何谓嘉庆新政？！

就在洪亮吉被发配新疆半年之后，嘉庆帝终于意识到如此处置进言者颇有“钳口”之嫌，便下达赦归洪亮吉的命令。尽管赦回了洪亮吉，尽管嘉庆也向臣下承认“亮吉所论，实足启沃朕心，故铭诸座右，时常观赏，勤政远佞，警省朕躬”，但朝廷中还是没有洪亮吉的一席之地，56岁的洪亮吉只有居庙堂之外，或出任书院山长，或撰写历史地理类书籍，或参与编写地方志（参见李景屏著《乾隆王朝真相》，农村读物出版社2003年版）。

洪氏疏奏中所提出的问题，依然存在……

后记

“一带一路”相关国家众多，代表性人物众多，为中外交好、民心相通作出杰出贡献的人士众多。因此，为“一带一路”璀璨群星立传，既使命光荣，又责任重大。在这项浩大工程的策划、组织、执行过程中，有许许多多的志士参加了有关传主的名单征集和审定，以及写作、翻译、审读、编辑、出版、筹资、联络等繁重而琐细的工作。所有参与的人员，以拳拳报国之心，尽深厚学养之力，克服了时间紧、任务重、要求高、压力大等诸多困难与挑战，最终圆满完成了任务。在本书付梓之际，丛书编委会特向参与本项目的全体同志致以崇高敬意和衷心感谢！

同时特别需要鸣谢的是，提出策划并领导实施此项目的中国传记文学学会会长王丽博士。王博士长期从事法律实务工作，经验丰富，并由于她担任“一带一路服务机制”主席职务的原因，她对相关国家、对走出去的“一带一路”建设者和广大青少年的需求了解真切，提出应当为他们写一套介绍各国典型人物的简明易读的传记，为他们提供健康的精神食粮。她把这项“额外”的工作当成了事业，联袂商会筹集资金、苦口婆心招揽作者、精心挑选传主名录、夙夜青灯挥笔写作、近乎偏执逐字推敲，可谓亲力亲为呕心沥血。面对如此浩大的出版项目和繁重的出版任务，中国出版集团华文出版社不但毅然承担了出版任务，而且集团和出版社的领导与中国传记文学学会的负责同志一起协商，寻求有关部门的支持和帮助，努力将该传系打造成高质量的精品好书。在此，我们特向项目牵头人和中国出版集团公司、华文出版社的相关领导和编辑致以崇高敬意和衷心感谢！

更让我们感动的是，在项目实施过程中，一些富有家国情怀的民间商会和企业家的慷慨解囊，虽不足以支撑项目的全部费用，但是他们所表现出的热心和支持，让我们坚定了走下去的信心和决心。在此，我们要特别鸣谢为本项目的创作与出版做出捐赠支持的中国民营经济国际合作商会、亿阳集团股份有限公司、富通集团有限公司以及太平洋证券股份有限公司，并对他们的拳拳报国之心和慷慨无私帮助致以崇高敬意和衷心感谢！

一项伟大的事业，离不开许多默默无闻的奉献者。在本传记系列的组织、编写、出版过程中，有历史、文学、科研、外交、教育、法律、翻译、出版等领域的数百位专业人士参与，恕不能在此处一一详列。需要特别提出的是，鞠思佳、景峰等同志为组织联络、收集资料到处奔波而毫无怨言，唐得阳、唐岫敏、白明亮、谭笑等同志在编写、翻译和编辑、校对过程中的细致与负责让我们感动，赵实、胡占凡、高明光、吴尚之、刘尚军、李岩、王灵桂、李永全、陈晓明、许正明、宋志军等同志睿智的指点和专业的帮助让我们避免了许多弯路。在此，我们特向以上各位同志致以崇高敬意和衷心感谢！

当然，由于我们水平所限，本丛书难免有某些不尽如人意和瑕疵之处，敬请学界专家和各位读者不吝赐教，我们将在作品再版之时予以完善。在此，我们也向各位读者提前表示崇高敬意和深深感谢！

“一带一路”列国人物传系编委会
2018年3月8日